Jorge Adoum
(Mago Jefa)

*GRAU DO APRENDIZ
E SEUS MISTÉRIOS*
1º GRAU

BIBLIOTECA MAÇÔNICA PENSAMENTO

Editora
Pensamento
SÃO PAULO

Todos os direitos reservados. Nenhuma parte deste livro pode ser reproduzida ou usada de qualquer forma ou por qualquer meio, eletrônico ou mecânico, inclusive fotocópias, gravações ou sistema de armazenamento em banco de dados, sem permissão por escrito, exceto nos casos de trechos curtos citados em resenhas críticas ou artigos de revistas.

Publicado anteriormente na coleção "Esta é a Maçonaria".

1ª edição 2010 – Coleção Biblioteca Maçônica Pensamento.

7ª reimpressão 2022.

Capa: Rosana Martinelli

Projeto gráfico e diagramação: Verba Editorial

Revisão de texto: Gabriela Morandini e Adriana Moretto

CIP-BRASIL. CATALOGAÇÃO NA PUBLICAÇÃO
SINDICATO NACIONAL DOS EDITORES DE LIVROS, RJ

A186g
Adoum, Jorge, 1897-1958
Grau do aprendiz e seus mistérios : 1º grau / Jorge Adoum. - 1. ed., 2. reimpr. - São Paulo : Pensamento, 2013.
(Biblioteca Maçônica Pensamento)
Inclui bibliografia
ISBN 978-85-315-0277-4

1. Maçonaria - Rituais. 2. Maçonaria - Simbolismo. I. Título. II. Série.

13-04218   CDD: 366.1
CDU: 061.236.6

Direitos de tradução para a língua portuguesa
adquiridos com exclusividade pela
EDITORA PENSAMENTO-CULTRIX LTDA.
Rua Dr. Mário Vicente, 368 - 04270-000 - São Paulo, SP
Fone: (11) 2066-9000
E-mail: atendimento@editorapensamento.com.br
http://www.editorapensamento.com.br
que se reserva a propriedade literária da tradução.
Foi feito o depósito legal.

Sumário

1. Uma verdade que fere................................ 11
2. História da maçonaria............................... 15
3. A iniciação 28
4. A iniciação egípcia e sua relação com o homem.. 32
5. A iniciação hebraica e sua relação com o homem.. 53
6. A iniciação cristã e sua relação com o homem 63
7. A iniciação maçônica e sua relação com o homem.. 76
8. A magia do verbo ou o poder das letras que deve aprender e praticar o aprendiz............... 148
9. Os deveres do aprendiz............................. 166
10. O que deve aprender o aprendiz.................. 173
11. O aprendiz deve aprender o mistério da dualidade... 176
12. O aprendiz deve aprender e praticar o mistério da trindade.. 180

Bibliografia.. 189

Dedico esta obra à
Ben∴ Aug∴ Resp∴ e Sub∴ Loj∴ Cap∴
Antenor Aires Viana

Fraternalmente
O Autor

GRAU DO APRENDIZ E SEUS MISTÉRIOS
1º Grau

1. Uma verdade que fere

1. Leitor: se você tem o ardente desejo de ingressar na Augusta Instituição Maçônica e de converter-se num de seus membros militantes, você deve se perguntar: entrou a Maçonaria em mim para que eu possa entrar na Maçonaria?

A resposta a esta pergunta será uma luz que pode lhe esclarecer e conduzi-lo no caminho para a Verdade. Porque, se não possui, antes de tudo, o Espírito Maçônico, para nada lhe servirá o seu ingresso em suas fileiras.

2. A Maçonaria era, em tempos passados, uma Instituição Hermética, em todo o sentido da palavra; mas, hoje, a Maçonaria é revelada para todo o mundo. Em qualquer livraria se encontram folhetos, revistas e livros que falam, interpretam e comentam os ritos e cerimônias da Ordem. Todo o mundo acredita que sabe de Maçonaria como seus próprios adeptos, e há também muitos maçons levianos, inconscientes os perjuros que têm divulgado ao público os chamados segredos maçônicos, e assim, segundo os profanos e os iniciados, já não podem existir mistérios na Maçonaria.

A esses ineptos vamos desiludir!...

3. O Catolicismo Romano se impõe à multidão por um segredo que o próprio Papa ignora. Este segredo é o dos Sacramentos.

Quando os Gnósticos, isto é, os Conhecedores do Segredo, os Esotéricos, quiseram vulgarizá-lo ou descobrir o Segredo, lançaram pérolas aos porcos e estes se voltaram contra eles e os aniquilaram, pois a vulgarização de um mistério o converte em doutrina irrelevante.

Mas, desgraçadamente, quando os porcos condenaram os Gnósticos, condenaram também a Porta da Sabedoria Oculta e perderam suas Chaves.

Os Templários buscaram as Chaves Perdidas, e os Templários foram queimados vivos.

4. Certa vez um sábio maometano me dizia: "Nunca pertencerei a uma religião cujos fiéis comem a seu Deus"; tive que dizer-lhe que tinha razão. O maometano não me chamou a atenção com suas palavras, porque ele nunca poderá sentir o significado do mistério, mas o que admira é a ignorância dos próprios maçons a respeito das bases fundamentais da Maçonaria.

5. A Maçonaria é poderosa e prevalecerá no mundo pelo seu terrível SEGREDO, tão prodigiosamente guardado que mesmo seus mais altos iniciados o ignoram.

6. Uma vez em Loja disse um adepto: "Somos Maçons, mas não brilhamos". Os irmãos pediram explicação daquela frase, mas ele sorriu e disse: "Se a Luz em nós outros são trevas, como seriam as próprias trevas?" Ao dizer, tocou a fronte. Todos os presentes olharam-se e talvez por educação não o chamaram de louco.

7. Nenhum ser tem o direito de chamar-se de "Maçom" porque ser maçom é ser Super-homem iluminado, que segue o caminho da Verdade e da Virtude, fazendo delas carne de sua carne, sangue de seu sangue, vida de sua vida.

8. O que mais entristece é o desejo de passar rapidamente de um grau a outro, como se o desejo de aperfeiçoar-se estivesse sujeito a certos graus limitados e outorgados pelos homens.

Ninguém mais quer recordar que os três anos de "Aprendiz" são o símbolo do tríplice período que marcará as etapas dos estudos, do silêncio e do progresso, como veremos depois.

9. O grande objetivo da Maçonaria é o despertar do poder latente que se acha em cada ser, e converter o homem em Deus consciente de sua divindade sem limitações e dúvidas.

O Maçom tem que trabalhar inteligentemente para o bem dos demais. Seu esforço tem que ser dedicado ao progresso universal. Deve ajudar o Grande Arquiteto do Universo em sua Obra.

O Maçom deve construir e aprender por suas próprias experiências, sem apoiar-se nos demais; ele tem que dar sempre sem esperar recompensa.

10. O Aprendiz tem o Mestre externo por guia na Senda até encontrar seu próprio Mestre Interno e ver sua própria luz em seu mundo interior.
Conhecer a Verdade e praticar a Verdade é o caminho do Maçom e de todos os homens.

2. História da Maçonaria

11. Outro problema que ocupa a mente dos Maçons e preocupa os historiadores e as religiões é a origem da Maçonaria.

Para os Maçons, a História da Fraternidade se perde na "noite do passado". Outros, com linguagem simbólica, dizem que Deus ou o Grande Arquiteto do Universo iniciou Adão, no Paraíso, na Maçonaria.

Quando os inimigos da Ordem ouvem estas palavras simbólicas, riem-se a gosto, como se riu Voltaire quando descobriu que a palavra "Querubim" significa "Touro" e que este Querubim ou Touro guardava a Porta do Paraíso com espada de fogo.

12. A Maçonaria tem uma história profana e outra iniciática, isto é, um aspecto exterior e outro interior, como todas as religiões.

A parte exterior é para os profanos, enquanto que a interior é para os iniciados que estão amadurecidos para recebê-la.

A parte mística (de misto, segredo, mudo) é essencialmente iniciática, isto é, quando a consciência chega ao seu desenvolvimento, pode então entender o mistério, reconhecê-lo, senti-lo e realizá-lo.

Os profanos que estão fora do Templo têm diferentes religiões, dogmas e ensinamentos, porém, para os iniciados não pode existir mais do que uma só e única religião: A RELIGIÃO UNIVERSAL DA VERDADE, que abarca em seu seio a Ciência e a Filosofia. De maneira que a doutrina interior é diferente da exterior.

13. Todas as religiões exotéricas são imperfeitas e incompletas; por tal motivo existem as lutas religiosas. A religião que luta para subsistir não pode ter a Verdade, porque a Verdade não necessita do fanatismo para prevalecer. Como os homens não têm todos a mesma evolução, foi necessário dividir ou estabelecer em cada religião duas partes: uma externa e outra interna ou secreta.

Não temos que falar sobre as religiões externas porque estas estão ao alcance de todos, pois toda pessoa se acredita um teólogo para defender sua religião, mas, devemos levantar o véu das esotéricas e seus mistérios.

14. Os mistérios ou segredos foram instituídos por todos os povos conhecidos na história: China, Egito, Caldeia, Índia, Arábia etc.

Todos os diferentes povos da terra tiveram suas cerimônias, seus mistérios religiosos e seus símbolos divinos. Também a religião cristã, à semelhança das pagãs, teve seus mistérios.

Jesus falava por parábolas ao povo, e dava a seus discípulos o ensinamento interno ou esotérico. Os Sacramentos são os símbolos daqueles mistérios revelados por Jesus, e eles foram praticados no Oriente e Ocidente pelas religiões anteriores à do Salvador, que disse: "Eu vim para dar cumprimento à LEI e não para aboli-la".

Nesta pequena exposição não se pode tratar muito da história profana da Maçonaria, porque, além de ser um tema muito vasto, houve milhares de historiadores que tomaram a seu cargo este trabalho.

15. As Instituições Secretas existiram em todas as épocas e nações. As mais conhecidas Fraternidades na antiguidade foram os Essênios, entre os hebreus; os Terapeutas do Alto Egito; os Yogues, da Índia. As Escolas Filosóficas foram a Vedanta, na Índia; a Pitagórica, a Platônica e a Eclética ou Alexandrina, no Ocidente Helênico. Todas elas tiveram seus mistérios e todas elas prestaram algo de seus ensinamentos à Maçonaria.

A Escola Pitagórica tem uma relação muito acentuada com a Maçonaria. Os discípulos chamados "Ouvintes" eram submetidos a um extenso período de noviciado, como no grau de Aprendiz, observando um silêncio absoluto e práticas de purificação, que os preparavam para a iluminação, e então é que se lhes permitia falar.

A Escola Platônica também exerceu importante papel na Instituição: "Ninguém entra aqui se não conhece Geometria", alusão ao simbolismo construtor de si mesmo ou ao homem e sua evolução.

16. A Igreja Gnóstica quis fundir o Cristianismo com as tradições antigas, para que a Gnose ou a Compreensão substituísse o dogma imposto pela Fé. O Gnosticismo instituído por são João e seus discípulos representa um dos pontos de apoio mais diretos da Maçonaria.

17. A Cabala e a Alquimia das antigas tradições orientais também têm, como veremos depois, suas íntimas relações com a Maçonaria. A Cabala trata do valor místico dos números e das letras do Alfabeto que encerram em si muitos significados metafísicos e espirituais.

A Alquimia, atribuída a Hermes Trismegisto, trata da "Pedra Filosofal" e tem muita semelhança com a "Pedra Bruta" que todo Maçom deve converter em "Pedra Cúbica". Logo, a Alquimia trata da transmutação dos metais inferiores em superiores: o chumbo em ouro; da busca do "Elixir de Longa Vida" ou a "Panaceia Universal", simbolismo da realização espiritual, que é o objeto da Iniciação Interna, por meio da qual as faculdades inferiores e baixas se transformam em superiores. O ouro puro significa a Iluminação, e o Elixir de Longa Vida significa a Verdade que faz livre.

Todos esses símbolos herméticos têm por objeto o aperfeiçoamento do indivíduo e o melhoramento da humanidade.

18. Os Templários durante o século XIII e a Fraternidade Rosa-Cruz influenciaram até o século XVII a mente europeia.

A Ordem dos Templários nasceu das Cruzadas e do contacto que tiveram os ocidentais com os místicos do Oriente, depositários de antigas tradições esotéricas. Como Ordem, foi fundada em 1118 por dois Cavaleiros franceses, Hugo de Payens e Godolfroid de St. Omer, com o fim de proteger os peregrinos que iam a Jerusalém depois da primeira Cruzada.

Os Cavaleiros faziam os três votos: Pobreza, Castidade e Obediência. Esta Ordem do Templo tinha seus segredos iniciáticos e seus segredos foram o pretexto das acusações contra eles para despojá-la de suas imensas riquezas, embora outros autores afirmem que a degeneração e a desmedida ambição dos Templários causaram suas desgraças, e pode haver algo de verdade nessa afirmação.

Em 1307, Filipe o Formoso, Rei de França, com a ajuda do Papa de Roma, torturam brutalmente os Templários, depois de anular a Ordem do Templo.

Logo em 1314 selaram seus atos bárbaros com a morte do Grão-Mestre dos Templários, queimando-o vivo diante da Catedral de Notre-Dame de Paris.

19. Também outro movimento filosófico e místico, conhecido com o nome de *Fraternitas Rosae Crucis*, deixou seus sinais bem fortes na Maçonaria. De passagem devemos esclarecer que nunca existiu um personagem chamado Cristian Rosenkreutz, a quem se atribui o nome da Fraternidade.

Este nome MÍSTICO é um símbolo que nos revela que a Fraternidade Rosa-Cruz chegou ao Ocidente de Chipre,

Arábia e Egito (lugares onde o suposto fundador da Ordem diz ter recolhido os ensinamentos). Começou na Alemanha seu primeiro movimento, segundo a lenda. O símbolo da morte do suposto fundador, dos segredos e maravilhas encontrados em sua tumba não são mais do que a tradição iniciática da Sabedoria personificada pelo mesmo Cristian Rosenkreutz, ou Cristão Rosa-Cruz que veio do Oriente ao Ocidente, e cujo corpo se conserva zelosamente em uma tumba hermética, onde a buscam e encontram os fiéis discípulos e aspirantes buscadores da Verdade.

Da reunião e do conjunto de todas essas Ordens nasceu a Instituição da Maçonaria.

20. Mas, será esta a história da Maçonaria?

Em verdade isto não é mais do que uma roupagem tosca da Instituição; é apenas o corpo grosseiro de seu Espírito.

A Ordem Maçônica é depositária das ciências das Idades. É a Arca dos tesouros das antiguidades. Podem desaparecer todos os livros sagrados, e sem embargo, um verdadeiro e consciente Maçom pode reconstruí-los novamente com toda exatidão e verdade, porque os mistérios estão em seu SEIO, os tesouros em seu CORAÇÃO e a sabedoria em sua MENTE.

Agora falemos algo sobre a Verdadeira Maçonaria Oculta ou Mística.

A Verdadeira Maçonaria e sua história respondem à pergunta que preocupa a mente de todo o ser que vem ao mundo, e que é a seguinte: "De onde viemos"?

Nesta pergunta, que deve responder o Aprendiz, se encerra o maior mistério da Tradição Universal.

DO NADA NÃO VEM NADA; e como é que eu existo? Logo EU SOU eterno.

"No princípio era o Verbo, e o Verbo era com Deus, e o Verbo era Deus", diz são João.

O Maçom, o Super-homem, pode dizer: "No princípio era Eu, Eu era com Deus, E EU SOU DEUS.

Somente com o sentir, com a compreensão e com o viver esta LEI o aspirante (Aprendiz) se converte em Maçom.

Então a história da Maçonaria Mística está no que diz são Paulo: "NELE VIVEMOS, NOS MOVEMOS E TEMOS O SER". E no que diz Maomé: "DELE VIEMOS E A ELE TEMOS QUE VOLTAR". Ou no que diz Jesus: "VÓS ESTAIS EM MIM, EU EM VÓS E TODOS ESTAMOS NO PAI". Ou como ensina o Colégio dos Magos: "EU SOU ELE, ELE É EU".

Com esta segurança podemos responder às perguntas, desta maneira, sem nos equivocar:

De onde viemos?

— De DEUS. Onde estamos? — Em DEUS. Aonde vamos? — A DEUS.

21. Sem embaraço, para se ter a verdadeira compreensão deste mistério, temos que construir, planificar e executar nossa casa, nosso Templo, nosso Corpo segundo as leis divinas e naturais.

Esta casa-corpo é um Templo exterior para a glória do EU INTERIOR. A Iniciação ou ingresso ao mundo interno, simbolizada pela Iniciação Maçônica, tem o único objetivo de depurar e limpar o interior e o exterior deste Corpo-Templo do Deus Vivo, isto é, construir um Templo digno do EU SOU. Por tal motivo a Instituição tomou o nome de "Maçonaria" — Arte de Construir — e seus adeptos são chamados "CONSTRUTORES", o que quer dizer, como temos explicado, construtores de Templos para o Espírito.

Então, o selo de sua origem é a construção em geral: filosófico, científico e moral. A Maçonaria quis sempre imitar a atividade da Mãe Natureza no Universo, e por tal motivo vemos que seus adeptos se dedicaram à construção de muitos monumentos, templos e igrejas da antiguidade.

Esta obra de construção se pode observar no mesmo corpo do homem, que é chamado casa, templo, microcosmo etc, porque sua constituição encerra todas as leis divinas e naturais. É o pequeno universo, miniatura, levantado à Glória de EU SOU, o Grande Arquiteto do Universo.

22. Todos os homens possuem esta obra magna na qual todos tomam parte *inconscientemente*, em sua própria vida e atividade; enquanto que o Iniciado Maçom, que entrou em seu mundo interno, tem o dever de colaborar *conscientemente* e converter-se em sábio construtor na Obra do Grande Arquiteto do Universo.

Ser Maçom ou construtor é possuir a ciência e a arte da vida. É ser Iniciado, Super-homem em ciências e religião.

23. Para realizar uma obra magna é necessário que as sociedades ou corporações unam seus esforços. Por tal motivo vemos a diversidade das religiões, instituições, fraternidades, escolas. Logo, toda ciência tem que ser dividida em graus para o desenvolvimento paulatino e metódico de todo discípulo.

A ciência da Maçonaria foi dividida em três principais graus, isto é, em Aprendiz, Companheiro e Mestre.

Em nosso Corpo-Templo temos o EU SUPERIOR como Mestre Arquiteto e dois outros que manejam os dois polos positivo e negativo, chamados Anjo Intercessor e Anjo da Espada; ambos estão representados pelos dois Vigilantes. Os três manejam e dirigem os duzentos quintilhões de células que estão construindo nosso Templo-Corpo.

24. A Loja é o nosso corpo, construído por células construtoras; todo Maçom deve cumprir seu dever no corpo da humanidade, como cumpre cada célula o seu dever no corpo humano.

Como a célula, deve o Maçom possuir conscientemente a arte de construir sem equívocos e erros; como a célula, deve o Maçom ser disciplinado e obediente às leis naturais e divinas.

25. A Maçonaria, como Unidade, encerra em seu seio os poderes da Religião e da Ciência.

A Maçonaria não tem uma religião definida para si; a Maçonaria é religião para todos; é tradição iniciática.

A Maçonaria não tem ciências; ela é a CIÊNCIA das

Idades, e sua linguagem simbólica encerra os mistérios, segredos e alegorias que provêm de épocas remotas e representam antiguíssimas tradições revestidas de nomes simbólicos mais recentes.

Todos os mistérios e os segredos residem neste Templo chamado Corpo vivente do homem. Neste Corpo está escrita a história do Universo e seus arquivos são os átomos.

26. A verdadeira ciência da Maçonaria é a ciência da evolução e não da criação.

Todos os seus trabalhos são dedicados à Glória do Grande Arquiteto do Universo.

O Grande Arquiteto do Universo não criou o seu Universo do Nada; formulou e expressou SEU TEMPLO-UNIVERSO de dentro para fora porque tudo está NELE. Desta maneira se pode sentir o Princípio Divino expressando Sua Vontade, e Sua Vontade está feita em Seu MACRO E MICROCOSMOS, com ONIPRESENÇA, ONISCIÊNCIA E ONIPOTÊNCIA.

27. A Maçonaria é uma OBRA da NATUREZA, e a manifestação desta Obra a vemos em todas as épocas, desde as pré-históricas até nossos tempos.

Entre os primeiros sinais de antiguidade temos a Pirâmide de Quéops no Egito, que foi considerada com suas outras companheiras como tumbas dos Faraós; porém, estudos mais conscientes descobriram que a Grande Pirâmide é a miniatura perfeita das leis do Universo, que estão gravadas no corpo humano.

A Pirâmide de Quéops tem certas medidas que nos dizem que seus arquitetos são sábios versados em Geografia, Astronomia e Matemática, com uma exatidão que supera a dos nossos tempos.

Essas medidas foram tiradas da construção do corpo humano. A Grande Pirâmide de há 4.000 anos a.C. é uma prova irrefutável de que aqueles Iniciados conheciam, com toda a perfeição, o mistério do homem, para se poder construir aquela gigantesca e perfeita Obra.

A Torre de Babel tem o mesmo símbolo.

O Templo de Salomão edificado pelos fenícios demonstra que aquele povo tinha a Iniciação Interna, como será explicado depois.

28. Na Grécia, pela influência fenícia, se formaram as agrupações DIONISÍACAS, relacionadas com os mistérios de DIONÍSIO, como seu protetor. Em Roma, Numa Pompilio, o Rei Iniciado, instituiu os "Collegia FABRORUM". A expressão de "TRES FACIUNT COLLEGIUM" comprova a necessidade dos três graus da Maçonaria.

29. Estes Colégios, que se compunham de um Mestre e dois discípulos, se estenderam por toda a Europa, substituindo suas tradições antigas pelas novas da tradição cristã.

Os cristãos substituíram as lendas, trocando os nomes e pessoas antigos por nomes de santos e personagens cristãos, que, às vezes, foram até inventados. Assim temos, em vez de "Bacco", a são Bacos ou Bajos; Dionísio se transformou em são Denis ou são Dionísio; Jano foi batizado com o nome de são João, e o Gênio do Ano por santa Ana etc.

30. Ao decair a moral da Igreja na Idade Média, decaiu também a da sociedade, e então se levantou a Maçonaria no século XVII para evitar a derrocada total da civilização. Mas, desgraçadamente, os próprios Maçons foram também contaminados, e assim, ao invés de se dedicarem ao estudo dos problemas sociais para melhorar a situação, abriram as portas do Templo para adquirir maior número de adeptos que nunca haviam exercitado uma profissão. Este movimento deu origem na Inglaterra aos MEMBROS ACEITOS, e desta maneira as Lojas Maçônicas se transformaram em Lojas Especulativas, origem da Maçonaria atual. Porém, felizmente guardaram em seu seio os Mistérios e a Sabedoria das Idades, embora seus membros sejam hoje quase todos completamente profanos.

Muito raros são os maçons de nossa época que descobriram o verdadeiro mistério da Maçonaria; sem dúvida, algum dia chegará um raio de Luz ao coração de um verdadeiro adepto e este se converterá numa Luz que guiará os demais Maçons para a superação.

31. Chama-se "Loja de são João" porque os antigos Maçons eram Gnósticos e foi são João tomado como o Chefe do Gnosticismo, e logo, o Patrono dos Construtores.

Outro motivo há: Jano, o deus de duas caras, regia as festas dos dois solstícios. O Deus Jano tinha uma cara voltada para o passado e a outra para o futuro, isto é, que preside o ingresso do Sol nos dois hemisférios. A Igreja trocou o nome de Jano pelo de João (Johanes) e colocou a João, o Apóstolo e discípulo, na porta de "JANUARIUS", Janeiro, ou porta do ano, e a João o Batista no dia 24 de junho, e assim a substituição foi muito genial.

Daí a "Loja de são João", de Jeho-Hannan, nome que significa "Graça de Deus", "Homem Iluminado", designando ainda o conjunto de Iniciados nos Mistérios.

Agora, ao terminar esta pequena resenha histórica da Maçonaria, já podemos entrar na Iniciação Interna; porém, antes devemos estudar a origem da INICIAÇÃO e de seus objetivos, que serão explicados nos Capítulos seguintes extraídos da nossa obra *As Chaves do Reino Interno ou O Conhecimento de Si Mesmo*.

3. A iniciação

32. Em todas as escolas herméticas há uma cerimônia com a qual se recebe o candidato, chamada cerimônia da Iniciação.

Esta cerimônia, longe de ser compreendida pela maioria dos candidatos, é um ato muito significativo, cuja verdadeira importância está oculta sob a verdadeira aparência do véu exterior.

33. A palavra Iniciação derivada da latina "*Initiare*" de *initium*, início ou começo, deriva-se de duas: *in*, para dentro, e *ire*, ir, isto é, ir para dentro ou penetrar no interior e começar novo estado de coisas.

34. Mas, quem entra e como se pode entrar no mundo interno?

Da etimologia da palavra depreende-se que o significado da Iniciação é o ingresso no mundo interno para começar uma nova vida.

A Iniciação Maçônica é joia inestimável na coroa do simbolismo. Na Loja há um quarto de reflexão, símbolo do interior do homem. Todo homem, ao cerrar os sentidos ao mundo externo, acha-se em seu quarto de reflexão, isolado na obscuridade que representa as trevas da matéria física, que rodeiam a alma até a completa maturação. Este interior obscuro é o estado de consciência do profano que vive sempre fora do templo e no meio das trevas.

Desde o momento em que o praticante começa a dirigir a luz do pensamento concentrado para seu mundo interior, a Iluminação principia a invadir seu templo, pouco a pouco, e o domínio de sua mente equivale ao azeite que alimenta a lamparina acesa.

35. Então, o Iniciado é aquele ser que dirige seu pensamento ao mundo interno, mundo do espírito, que o conduz ao conhecimento próprio e ao do Universo, do Corpo e dos Deuses que nele habitam.

O Espírito único e Universal se diversifica em todos os seres que se acham no COSMOS. ESTES DEUSES DO UNIVERSO TÊM SEUS REPRESENTANTES NO CORPO DO HOMEM E ESTES REPRESENTANTES CHAMAM-SE ÁTOMOS.

Por isso disse Hermes, e com razão: "O que está em cima é como o que está embaixo"; e por isso disse Jesus: "O reino de Deus está dentro de vós".

A PORTA DA INICIAÇÃO

36. A porta da Iniciação verdadeira, que conduz ao Reino de Deus, no mundo Interno, é o CORAÇÃO.

A Igreja Católica tem dedicado grande parte de seu culto ao Coração de Jesus e ao Coração de Maria, objetivando, talvez, essa prática para que o homem, com o tempo, tenha a felicidade de subjetivá-la.

37. Há uma lei ignorada por muitos, e é a seguinte:
Para onde se dirige o pensamento, dentro do Corpo, para lá aflui maior quantidade de sangue.
Ultimamente essa lei foi provada cientificamente.

38. Desde que o homem, filho pródigo do Pai Celestial, vagueia no deserto da matéria, alimentando-se dos prazeres que debilitam a alma e o corpo, tem havido, dentro de seu coração, uma voz silenciosa que o tem chamado, com insistência, para que volte ao seu lar; porém o homem, embebido em seus prazeres materiais, não a ouve. O aspirante a ouve e responde à sua chamada quando retorna a seu coração.
Em sua busca interna, encontra oito guias em diferentes etapas do caminho, cuja missão é conduzir o Iniciado, se os segue até o fim, à presença do Pai, à União com o Infinito.

39. O Homem, nesta natureza emigratória, acende em seu centro-coração a estrela de Belém do Cristo nascido; então os três Reis Magos (corpo vital, corpo de desejos e corpo mental) devem seguir a estrela de Cristo em direção do coração até chegar ao Pai.

40. O Tabernáculo no deserto é o corpo humano no mundo; é o homem peregrino até a Eternidade. Este Microcosmo move-se ciclicamente num círculo ao redor do Deus Íntimo que reside em seu interior e que é origem e meta de tudo.

Dentro do Tabernáculo-corpo acha-se desenhada a representação de coisas celestiais e espirituais. Este corpo humano deve ser venerado em todas as suas partes e devem ser compreendidas todas as suas sublimes e gloriosas realidades.

4. A iniciação egípcia e sua relação com o homem

41. Todo aspirante deve compreender os mistérios da Iniciação antiga para poder compreender e praticar, em consciência, a verdadeira Iniciação moderna. Todos os Mistérios Antigos eram símbolos de coisas futuras que devem suceder. Para poder compreender a verdade, devemos estudar os símbolos antigos, que são o caminho mais reto para a sabedoria.

42. Os egípcios praticavam a Iniciação na Grande Pirâmide. Este monumento maravilhoso jamais foi tumba de Faraós, como pretendem demonstrar alguns sábios. A Grande Pirâmide é fidelíssima cópia do corpo humano e podemos dizer simbolicamente que é a tumba do Deus Íntimo que se acha dentro do homem.

Para que o homem volte à Unidade com o Deus íntimo, deve procurar sua própria iniciação em seu mundo Interno, assim como nos tempos antigos o aspirante devia penetrar no Interior da Grande Pirâmide, em busca da Grande Iniciação.

Todas as religiões e escolas materializavam e continuam materializando os mistérios por dois motivos: 1º) para velá-los aos olhos do profano; e 2º) para facilitar sua compreensão ao candidato.

43. Amedes diz a Shethos, quando chegam ao pé do misterioso Santuário da Iniciação:
— Seus caminhos secretos conduzem os homens amados dos deuses a um fim que nem sequer posso nomear. É indispensável que eles façam nascer em si o ardente desejo de alcançá-lo. A entrada da Pirâmide está aberta a todo mundo; porém, compadeço-me daqueles que têm de procurar a saída pela mesma porta cujos limiares franquearam, não havendo conseguido outra coisa senão satisfazer sua curiosidade muito imperfeitamente e ver o pouco que lhes é dado referir.

Porém, o aspirante insiste no propósito de receber a Iniciação e escala atrás de seu Mestre o lado norte da Pirâmide até chegar a uma portinha quadrada, sempre aberta, de reduzidas dimensões (três pés de largura e outros três de altura), que dá acesso a um passadiço apertado.

O discípulo e seu guia percorrem-no, arrastando-se com dificuldade. O guia vai adiante com uma lâmpada do saber humano, que apenas ilumina seu caminho.

A palavra Pirâmide vem de "PYR" equivalente a fogo, ou seja, espírito. A Iniciação na Pirâmide equivale à comunicação com os grandes mistérios do Espírito, "à União no Reino de Deus Interno com o Pai". Este fogo não é o fogo material, nem tampouco o fogo ou luz dos sóis, porém o outro fogo, mil vezes mais excelso, é o do PENSAMENTO.

44. A Grande Pirâmide Iniciática, dentro da qual penetrava o candidato, é o símbolo de nosso próprio Corpo. Onde, com efeito, senão nele, nos iniciamos, mais ou menos, ao longo da vida e das vidas?

Nessa Grande Pirâmide-Corpo estamos iniciados evolutivamente, até chegar à condição dos Adeptos Divinos, iniciadores, por nossa vez, dos seres inferiores a nós.

A porta estreita da Pirâmide é a mesma porta estreita do Evangelho, que conduz à salvação. Está sempre aberta; porém, para poder entrar nela, o homem deve inclinar-se ou dobrar-se a si mesmo, conduzindo-se ao mundo Interno com o pensamento. O passadiço apertado é o caminho abrupto e penoso que conduz ao Reino de Deus dentro do corpo; porque o caminho da perdição é amplo, disse Jesus: O Guia é o bom desejo ou aspiração e o candidato é o próprio homem.

45. Depois de muitas angústias, de poucos momentos, que ao aspirante parecem séculos, chega a uma habitação de regulares dimensões (dentro da caixa toráxica). Ali o recebem dois iniciados (dois intercessores: o EU SUPERIOR e o ANJO DA GUARDA). Ambos são criados pelo próprio homem, com a melhor de suas aspirações presentes e passadas, mas não lhes deve fazer qualquer pergunta. Porém, o aspirante ignora esta proibição, trata de pedir-lhes explicações, mas é informado de que não deve esbanjar o tempo, já que não obterá resposta alguma, porque os intercessores não são mais que suas próprias criaturas (e só o Deus íntimo pode dar respostas verdadeiras).

Esses dois intercessores conduzem o pensamento ao mundo interno e entram num extenso corredor que conduz e por fim termina à beira de um precipício profundo e insondável (o precipício das tentações dos desejos, que conduz à parte inferior do corpo físico; o aspirante deve ser tentado com esta prova e deve baixar ao poço obscuro de seu próprio corpo).

46. Uma luz (emanada do intelecto), posta à beira, permite-lhe apreciar o perigo de espantosa caída (quando o pensamento se dirige a este mundo inferior e nele se deleita). Olhando com atenção, o aspirante distingue umas barras assentadas num lado da negra gruta que, embora não sem risco, fazem possível a descida (do pensamento) por elas a homens de cabeça firme e ânimo imperturbável.

O aspirante prefere baixar para não sofrer as dificuldades do regresso. À bastante profundidade terminam os degraus das costelas, sem, contudo, chegar ao fundo. No último degrau (o do ventre) busca a solução ao terrível problema e então encontra na parede uma abertura ou estreita janela e por aí poderia entrar em outro corredor, descendente sempre, mas em forma de estreita espiral. Ao fim do passadiço pendente, tropeça o neófito com uma forte vara flexível. Empurra-a; ela cede; mas, ao cerrar-se por trás dele, bate nos gonzos e produz infernal estrondo.

47. Segue avante, mas outra grade lhe corta o passo. Ao aproximar-se, vê continuar um corredor baixo e estreito, sobre cuja entrada brilha este letreiro: "Todos os que percorrem esta senda, sós e sem mirar atrás, serão purificados pelo fogo, pela água e pelo ar. Se conseguirem vencer o medo (da mente) à morte, sairão do seio da terra (da profundeza do corpo humano), volverão a ver a luz (do Sol, no coração) e terão o direito de preparar a alma para receber a revelação dos mistérios da grande Deusa Isis (os mistérios da natureza humana).

(Até aqui teve o aspirante, desde sua entrada pela porta da Pirâmide, ou por seu próprio coração, de caminhar por quatro corredores e esses corredores comunicam-se por estâncias ou gradis). O pensamento, durante sua penetração, tem de percorrer os quatro corredores que unem e comunicam os quatro poderosos centros mágicos dentro do corpo do homem, que levam às quatro etapas inferiores do mundo interno seguindo as leis cósmicas da involução; porém, uma vez chegado à última etapa, começa novamente sua ascensão depois de ser provado em sua evolução pelo fogo, pela água e pelo ar.

48. O aspirante segue o caminho da Iniciação.

Embora ninguém o veja, está sempre vigiado por seus intercessores; à menor debilidade, acudirão zelosos e, por outros corredores, o conduzirão à porta de entrada para que se reintegre na luz e na vida exterior, não sem haver jurado que a ninguém referirá o ocorrido. O perjuro será terrivelmente castigado, porque essa descida às ínfimas etapas confere ao aspirante os poderes das trevas e ai de quem se atreve a comunicar aos demais esses poderes ou os utiliza para fins pessoais!

Ao extremo do escuro corredor encontra o aspirante três iniciados que cobrem cabeça e rosto com a máscara de Anúbis (Há três iniciadores dos três corpos, que nos guiam nessas etapas antes de chegarmos ao altar dos Mistérios Maiores).

49. Aquela porta é, na Iniciação, a porta da morte. Um dos mascarados diz ao aspirante: "Não estamos aqui para impedir-lhe o passo. Pode prosseguir se os deuses lhe concedem o valor de que você precisa; saiba, porém, que, transposto este lugar, se você chegar ao fogo sagrado de sua Divindade e em qualquer momento retroceder, aqui estamos para impedir que fuja. Até agora, você é livre para retroceder; mas, se for adiante, perderá a esperança de sair destes lugares sem obter a vitória definitiva. Ainda é tempo; decida-se! Se renunciar, ainda pode sair por este corredor (que dá para o mundo exterior) sem voltar a vista para trás; se avançar, segue o caminho em frente (que o conduz ao centro da medula espinhal), pelo qual deve escalar o *céu*. Você deve palmilhar esse caminho sem vacilação (se não quer ser retido em seu próprio inferno). Escolha."

50. Respondendo o aspirante que nada o fará retroceder, os três guardiões deixam-no passar, fechando a porta (a quarta). Outra vez fica sozinho num largo passadiço, em cujo extremo adverte um resplendor. À medida que se adianta, torna-se mais intensa a luz, chegando a ser deslumbrante. Logo chega a uma sala abobadada onde, a um lado e outro, ardem piras enormes cujas chamas se entrecruzam no centro (da base da coluna vertebral).

Essa parte está coberta por um gradeado incandescente. Os cravos mal lhe permitem pôr o pé em lugar seguro de queimaduras e, ao transpô-lo, não há somente o perigo de padecer abrasado, senão o de morrer asfixiado naquele irrespirável ambiente.

Fechando os olhos, penetra o aspirante na ígnea habitação; mas, ó incrível encanto! Ao tocarem os pés o gradeado fino (quando o pensamento puro penetra sem temor no fogo sagrado), as chamas desaparecem, apagam-se as fogueiras instantaneamente e a passagem por elas se faz possível sem temor de mero símile, senão de realidade tangível. Nas entranhas misteriosíssimas de nosso corpo, como nas de nosso planeta, arde, segundo a física, um grande fogo, e dorme, segundo a metafísica, um fogo ainda mais intenso, o fogo do pensamento Cósmico. Esses fogos, ocultos à vista do profano, que vive fora do Templo, são vistos e sentidos só pelo Iniciado.

51. João dizia a seus discípulos: "Eu os batizo verdadeiramente com água; porém, aquele que virá depois de mim os batizará com fogo e com o Espírito Santo". João, o asceta, a mente carnal, não pode comunicar a seus discípulos maior sabedoria que a dos mistérios relacionados com plano da matéria, cujo símbolo é a água, ao passo que a sabedoria que comunicaria Jesus, como Iniciado nos Mistérios superiores, era o próprio *Fogo* de Sabedoria, nascido da verdadeira Gnose ou real Iluminação Espiritual.

52. Devemos compreender, aqui, a natureza desse fogo. Não se trata de fogo físico, senão de aspecto superior desse elemento. A prova do Fogo Superior, a que está submetido o aspirante na Iniciação Interna, o colocará em frente a si mesmo, isto é, a natureza divina em frente à natureza terrena. É a viagem de regresso, é a viagem mental para sua própria Divindade. Deve atravessar as esferas dos Senhores de chama, assim como as atravessou em sua viagem de involução ou descenso.

O Poder Ígneo do homem é o que leva a Humanidade à sua prosperidade espiritual e material, e é o que gera os *Mestres* e *Guias* das Nações.

Nessas esferas residem os Senhores de chama e, quando o aspirante à vida superior os evoca pela Iniciação Interna, dentro dessa parte inferior do corpo, Suas chamas consomem o inferior, o mesquinho, o denso e o grosseiro, e convertem-no em Deus Onipotente.

Essas chamas, no corpo Humano, constituem o Fogo Criador e são as emanações do Espírito Santo, Terceiro aspecto do Íntimo Deus, e por elas o homem se avizinha de sua Divindade.

Para poder atravessar o mundo das chamas divinas, faz-se necessário um pensamento e corpo puros, castos e fortes.

O Mundo dos Senhores de chama tem sete divisões como todos os demais mundos; mas, também essas etapas ou divisões se interpenetram. Na parte superior governa o Deus Ígneo da Luz e, na parte inferior, domina o demônio do fumo.

Na Humanidade atual predomina o elemento ígneo com fumo e, por isso, fazem-se guerras de destruição, sobretudo com fogo e incêndios, ao passo que os Iniciados tratam de dominar o mundo por meio da Luz pura e não por meio do Fogo destruidor.

O fogo do Sol Central e seu representante arde na cabeça, mas não queima, à maneira da sarça de Horeb, ao passo que o fogo do sol físico queima e arde por sua rebelião contra o Sol Central, como sucede no corpo físico.

53. O pensamento é um poder que possui som, calor e forma. Uma vez dirigido para a parte inferior do corpo, acende o fogo sagrado, mas a Pureza do pensamento e sua castidade eliminam do fogo seu fumo e calor destrutivo, e deixam somente *Sua Luz*, e *Deus é Luz*. Então o Iniciado é erguido pelos Anjos da Luz ao Trono da Luz.

Todo homem deve passar por essas etapas; mas os que tomam o caminho do regresso, ascendendo, são os magos brancos, ou filhos da luz, ao passo que os que se detêm nessas esferas se convertem em magos negros, ou filhos das trevas.

O Pensador, nessa viagem mental, inicia seus átomos; só a pureza e a castidade podem livrar esses átomos do Inferno do Fogo e trevas para conduzi-los ao Céu da Luz pura, livre de todo fumo e ardor.

O homem *que domina seus instintos faz-se servir por esses deuses Elementais do Fogo.*

54. Seguindo depois por outras galerias, dentro do seu organismo, ia o aspirante desembocar na líquida extensão que invadia toda a amplidão de um subterrâneo. No outro extremo distinguia-se, ao fim, uma escadaria. Era preciso vencer o perigoso obstáculo e, consequentemente, o aspirante se desnudava, rápido, e, sustentando as roupas, enroladas no alto da mão com que segurava a lâmpada, valia-se da outra para nadar e vencer a corrente das águas agitadas (dos desejos).

Antes de lhe ser facultado o ingresso para levar a termo seus deveres de sacerdócio no próprio santuário, devia o aspirante ser submetido à prova da água. O divino Jesus cumpriu essa lei no Jordão, onde passou pelo rito místico do batismo da água. Ao sair da água, diz-se que o Espírito Santo desceu sobre Ele.

Quando o aspirante se submete à prova da água, sente que se desprendeu do seu corpo físico e de seus cinco sentidos; esta separação é parcial, como quando se encontra durante os momentos da entrada-sonho. O homem passando primeiro pela prova do fogo e depois pela da água, segue a mesma evolução do planeta Terra, que um dia foi ígneo e que, ao esfriar-se pelo contato no espaço, gerou umidade que, evaporada, se levantava e novamente caía até que chegou a ser água. De modo que, pela ação do calor e do frio, foram formados os espíritos da terra, da água e do ar e que até hoje continuam formando o corpo humano. De maneira que estes elementos nos acompanham desde a remota idade de nossa formação física. Uma vez descritos os elementos do fogo, temos que dizer algo sobre os da água, ou anjos da água, e sempre devemos distinguir entre água física e seus elementos.

55. Na Iniciação interna, depois de vencer os elementos do fogo, dominando o instinto, o Iniciado deve dominar os elementos da água ou dos desejos. Sempre devemos distinguir qual a diferença entre o instinto e o desejo.

A prova da água é o símbolo do vencimento do corpo de desejos; deve-se advertir o candidato de que para regressar ao Céu do Pai, à União com Ele, deve desfazer-se dos grosseiros gozos da carne, sem desprezar sua inclinação aos gozos espirituais.

O fogo que radica na parte inferior do corpo é o instinto; o de desejos radica no fígado e ambos influem na e pela mente.

O Aprendiz, depois de seguir outras galerias em seu corpo, chega ao fígado, morada do corpo de desejos.

Nessa víscera reside o Rei elemental da água que dirige seus exércitos no corpo, por meio dos desejos.

Outra vez devemos insistir em não confundir-se a água com seu elemento superior, que é o Desejo, assim como não se deve confundir o corpo com o Espírito. O mundo dos elementos da água é como um vapor etérico; seus habitantes são seres vivos e inteligentes que intensificam nossos desejos e impressões.

Os elementos da água apoderam-se da substância mental para tomar a forma desejada; porém, ao vê-los interiormente, parecem-se com uma constelação de estrelas e por isso os ocultistas chamam ao mundo dos elementos da água: mundo austral, pela sua semelhança com os astros.

56. Quando o Iniciado vence este mundo e este corpo astral de desejos em seu fígado, pode penetrar na inteligência da natureza e levantar o véu de Ísis.

O homem que se entrega à satisfação de seus desejos grosseiros, encontra-se agarrado por esses Elementais como por um polvo; eles se apoderam dos átomos mentais para criar formas com as quais encadeiam o homem.

Esses Elementais têm suas escolas internas dentro do homem, porém, só dão seus ensinamentos às pessoas que os dominam, e esse domínio deve ter base no amor.

Os Elementais da água têm muita admiração e respeito aos seres que se sacrificam pelos demais e pelos que afrontam o perigo para salvar náufragos.

As sete divisões deste mundo estão povoadas por Elementais de desenvolvimento diferente. Os inferiores incitam-nos aos desejos baixos, ao passo que os superiores nos ensinam a sabedoria das idades passadas, quando a chispa Divina do homem penetrava na densidade da matéria.

Quando um homem domina seus desejos, os elementais da água acodem a servi-lo com toda obediência, buscando desse modo chegar à imortalidade por meio da energia que recebem do *Íntimo* no homem.

57. Chegando à outra margem, vestia-se o neófito e, após breve descanso, começava a subir a escadaria em cujo topo havia uma plataforma fronteira e uma larga porta a que estavam fixas duas argolas a maneira de chamadores.

Ao puxá-las, arriava o patamar e ficava o neófito no ar, pendurado pelas mãos, açoitado por furioso vendaval e sem luz, por haver deixado cair a que levava para agarrar-se bem às argolas. Após alguns momentos de angústia e terror, que deviam parecer séculos, o vento cessava. Ele tornava a sentir, sob seus pés, o terreno firme do patamar e, ante seus olhos atônitos, abria-se a porta para deparar-lhe um magnífico templo intensamente iluminado.

A prova do Ar pertence ao mundo mental.

58. Na parte abstrata do mundo da mente habitam os elementos do ar, que têm papel importante na evolução do homem. Também nessa parte se acha nossa mente própria, que herdamos de remoto passado.

Os Elementais superiores do ar possuem a inspiração em qualquer ciência ou arte; os inferiores interessam-se muito pelos fenômenos espíritas.

Na iniciação interna deve o neófito dominar os elementos inferiores para ser servido pelos superiores. Uma vez dominados uns e servido pelos outros, chega o homem à onisciência, podendo, desse modo, conhecer, ou melhor, reconhecer as histórias do passado e ver o futuro. Poderá conhecer exatamente a hora de sua morte e livrar-se dos tormentos ilusórios, e das alucinantes regiões do Inferno e Purgatório.

Os elementos do Ar estimulam e guiam nossa mente

aos pensamentos altruístas e elevados por meio da visualização interna.

Com essa visualização, podemos concentrar, e aprender todas as ciências e religiões do passado e, ao mesmo tempo, criar novas ciências e religiões mais perfeitas.

59. Quando um homem domina o fogo sexual na prova do fogo, impregna a região de sua mente com seus átomos luminosos, solares, cujo brilho infunde aos elementos do ar profundo respeito.

Por sua onisciência chega o Iniciado a saber o porquê das coisas sem necessidade de pensar nelas, porque esse saber está dentro de nós mesmos e, para compreendê-lo, não devemos vacilar. Então, o homem não foge do perigo porque sabe de antemão o que vai acontecer e como se afastará dele.

Os elementos do ar são os depositários dos arquivos da natureza; tudo quanto deseja o homem conhecer encontra nos arquivos, em mãos desses elementos que dentro de nós habitam.

Os elementos do ar são os que leem os pensamentos alheios e comunicam essa leitura ao homem a quem respeitam e servem. Nunca se manifestam a gente orgulhosa ou vaidosa. São muito amigos dos simples e humildes e, por isso, vemos que muitas verdades saem das bocas das crianças e dos pobres de Espírito, como diz o Evangelho. Dizem-nos que, depois da tentação de Jesus no deserto, ele foi servido por anjos que não eram outros que os elementos superiores do ar. Nenhum orgulhoso de sua mente e saber humano alcança dominar as Potestades do Ar, como lhes chama são Paulo; porém, são elas muito obedientes aos homens que alcançarem o domínio mental pela concentração, sempre que tal concentração tenha fim construtivo.

60. O orgulho e a magia negra pertencem à divisão inferior desses Elementais. Muitas vezes enlouquecem e adoecem seus médiuns e produzem neles perturbações mentais. A Legião que foi dominada por Jesus e arrancada dos dois sensitivos loucos que viviam nos cemitérios, era a divisão inferior dos elementos do Ar, porque há pessoas que se dedicam à necromancia e outros ramos da adivinhação, seja por lucro pessoal, seja por vaidade, e caem nas redes dos Elementais inferiores com o exercício de tais dons de maneira inadequada.

O mundo mental inferior é dominado pelo Inimigo oculto em nós. Ele tem às suas ordens as hostes inferiores do ar, ao passo que os Elementais superiores são hostes do Pensador Pai da criação, que os envia ao homem em forma de intuição ou de inspiração superior por meio do coração.

Os superiores são defensores dos órgãos delicados do corpo astral, ao passo que os inferiores os rompem para deixar passar, pelas rupturas, certos conhecimentos do mais além.

61. Pode-se comparar a concentração do Adepto ou Santo a uma evaporação da Inteligência para chegar ao conhecimento dos mistérios ocultos; mas as provocações dos espíritas e hipnotizadores etc. têm por objetivo a materialização do sutil e diáfano para poder julgar através dos sentidos físicos. O primeiro método espiritualiza a matéria; o segundo materializa o espiritual crendo poder assim conhecê-lo.

Todo discípulo que se vangloria de seus poderes afugenta de si os elementos superiores do ar.

62. A mente humana tem analogia, em seus movimentos com o ar; assim como não se pode reter nem dominar o ar, assim também só consegue dominar o pensamento aquele que atingiu, em sua iniciação, os graus superiores.

O objetivo da iniciação externa é dar ao aspirante um símbolo de como dominar seus pensamentos depois de haver dominado seus instintos e emoções. Essa é a única senda que leva à Unidade.

Uma vez terminadas suas provas e triunfante em todas, o aspirante entra em seu magnífico templo interior, iluminado pela luz divina.

63. Procedia do Altar o Sacerdote, felicitava-o por sua firmeza e valor, oferecia-lhe um copo de água pura, símbolo de sua iniciação e aperfeiçoamento moral. Em seguida, ajoelhava-se em frente à tripla imagem de Osíris, Ísis e Hórus, a Trindade Sagrada.

Seguindo esse maravilhoso relato no mundo interno, podemos chegar a surpreendentes significados.

Quando o aspirante triunfa sobre suas provas internas dentro do seu próprio Templo-Corpo iluminado, chega até seu coração, o Altar do Deus Íntimo; então, adianta-se a recebê-la o Grande Sacerdote, o símbolo do Homem Perfeito, que é o *Átomo Nus* que vive sempre perto do Altar Divino no homem e está esperando o discípulo de sua viagem mental para guiá-lo até sua própria Divindade. O *Átomo Nus* depois de felicitá-lo, dá-lhe de beber a água da Vida Eterna, como recompensa à sua chegada ao Reino do seu Pai Interno. Em seguida, ajoelha-se em frente ao Altar, ante os três aspectos do Deus íntimo que são: o Poder, o Saber e a manifestação, a Trindade Sagrada.

64. Ainda não está unido com seu íntimo; acha-se apenas ante seus atributos.

Com essa cerimônia findava a primeira parte material da Iniciação.

Teve o aspirante valor e força necessários para o adiantamento; mas isso não é tudo; falta ainda saber se, não o havendo vencido o terror, não o administrariam as seduções do bem-estar, da paixão e do prazer.

Para demonstrá-lo e sem que o aspirante perceba, durante o transcurso de sua educação iniciática, tem de ser tentado como Jesus no deserto, a fim de se apurar se quebraria suas obrigações de vida pura e domínio dos apetites e sensações.

Se vencesse, seria um discípulo da iniciação; se, ao contrário, o vencessem seus apetites e paixões, seria sentenciado a permanecer em categoria inferior até aprender a vencer-se a si mesmo.

65. Durante as provas morais e a meditação, aprende o aspirante, nas escolas internas, toda a sabedoria: o significado das cerimônias religiosas, a simbologia, a consciência e magia dos números e letras, a relação da astronomia com seu próprio corpo, que leva à astrologia hermética. Aprende o poder da palavra, do pensamento e seus efeitos, manejando o poder magnético e hipnótico; recebe pouco a pouco a ciência da Magia e o modo de utilizá-la.

66. Mas, para chegar ao ápice do poder, deve preparar seus três corpos, dos quais saiu vencedor nas provas: o corpo físico, o corpo de desejos e o corpo mental.
Domina o corpo físico por meio do jejum e do ascetismo. O jejum purifica e o ascetismo domina suas sensações triunfando sobre a sede, o frio, o calor, o cansaço, o sofrimento e todas as moléstias materiais.
Tem de manter o corpo limpo, dormir pouco, trabalhar muito; seu alimento deve ser bom e natural e não deve beber senão água.

67. Domina a alma ou corpo de desejos matando as paixões, a ambição, o desejo de possuir, o bem-estar pessoal, o egoísmo etc. Deve chegar a ser indiferente às alegrias e às dores, aos prazeres e sofrimentos, de modo que nada altere jamais sua tranquilidade de pensamento.

Neste período deve aprender certas obrigações místicas, rituais e costumes, práticas e orações.

Para dominar seu terceiro corpo, que é o mental, deve dedicar todos os seus pensamentos ao mundo interno, silencioso em suas meditações, enviando sua poderosa vontade à distância para cumprir certos deveres. Dessa forma pode atingir os planos superiores da Vida Espiritual, onde se alcança a iluminação e o conhecimento da verdade.

O domínio dos três corpos é necessário para a última prova que equivalia ao coroamento de toda a iniciação. Significava a completa renúncia a todo o vulgar e terreno para alcançar a suprema luz, a qual só brilha ante os olhos cerrados pela morte física.

68. Esta última prova consistia em colocar o discípulo dentro de um sarcófago.

Metido dentro dele, tinha de passar, imóvel, toda a noite, entregue a profunda meditação e rezas especiais. Nessas condições, realizava a projeção do corpo *Astral* segundo os métodos que lhe haviam ensinado, e seu corpo invisível, arrastado pelas correntes dos mundos superiores, ascendia às alturas onde lhe era dita a última palavra, onde conhecia o último segredo da absoluta verdade. Ao raiar do outro dia, levantava-se do sarcófago outro homem: um Adepto, pertencente à suprema hierarquia da *Iniciação*. Seus poderes eram indescritíveis; suas obrigações e responsabilidades eram espantosas.

Só um mestre da Sabedoria Secreta seria capaz de afrontá-los.

69. A entrada no mundo astral necessita do domínio dos três corpos acima indicados: o aspirante deve ser puro no corpo físico, no corpo de desejos e no corpo de pensamentos, ou em outros termos, em pensamentos, desejos e obras.

A verdade é interna e, para chegar a ela, devemos entrar em nosso mundo interno e fazer de nosso corpo físico um sarcófago. Por meio da profunda meditação e da oração mental, o espírito penetra nas correntes divinas, ascende até o Pai que: "dará ao vencedor o maná escondido, e lhe dará uma pedrinha branca e, nesta, um novo nome escrito, que ninguém sabe, senão aquele que o recebe".

No fim daremos os exercícios adequados a esses ensaios.

70. Há pessoas crentes de que os templos da iniciação se extinguiram antes da era cristã. Talvez seja certo; porém, nunca deve ser esquecido que, se a iniciação egípcia desapareceu, outras mais importantes e mais práticas surgiram no judaísmo e a mais perfeita nos trouxe o Cristianismo.

Diz-se hoje que cumpre ir buscar no Tibete a palavra perdida; que nos cumes inacessíveis do Himalaia está o misterioso retiro dos Mestres. Não negamos a existência de sublimes seres naquela região; mas, devemos compreender sempre que o Himalaia é também símbolo igual ao das Pirâmides do Egito, que permanecem no mundo interior do homem.

A entrada invisível permanece aberta; a senda, hoje

como então, existe. Só podem palmilhar a estrada aqueles que põem em prática os quatro conselhos da esfinge, guiados por um propósito decidido e isentos de curiosidade insana. Onde quer que estejam, podem achar o caminho *Porque os Mestres Internos Velam* e sua atenção atinge todas as partes.

Falamos sobre a Iniciação Egípcia que se efetuava na Pirâmide e de sua relação íntima com o corpo humano; agora falaremos da Iniciação Hebraica que, embora difira nos seus símbolos, tem o mesmo objetivo e fins que a primeira.

5. A iniciação hebraica e sua relação com o homem

71. O Tabernáculo no deserto é o símbolo do corpo físico no deserto da matéria. Desde que o homem foi dotado de mente, perdeu a vista espiritual porque dedicou todos os seus pensamentos ao mundo externo. Então o Senhor revelou aos guias da humanidade (os mestres internos) como voltar ao mundo espiritual pelo caminho da mente ou do pensamento. Assim, o Tabernáculo ou o corpo foi dado ao homem para achar seu Deus.

72. A Pirâmide do Egito assemelha-se ao Tabernáculo desenhado por Jeová; ambos eram a representação do Corpo Humano, ambos eram a incorporação de grandiosas verdades cósmicas ocultas sob o véu do simbolismo, cujos objetivos são a união do homem com o íntimo por meio do pensamento.

Essa idealização divina é dada ao homem que fez aliança com Deus, pela qual se compromete a servi-lo e oferecer o sangue de seu coração, vivendo uma vida de serviço, sem buscar proveito próprio.

73. O Tabernáculo estava orientado de Leste para Oeste; o Leste do homem é sua frente ou anterior; seu Oeste é a parte inferior. O aspirante entrava pela porta oriental, caminho do astro do dia, e continuava andando para frente, para o Ocidente, tocava o Altar das oferendas, o Altar dos sacrifícios (que estão no baixo-ventre), onde se queimavam aquelas oferendas; depois, chegava ao Lavabo de Bronze (o fígado, a purificação pelo serviço, prova da água) para penetrar em seguida no vestíbulo, quarto oriental chamado Lugar Santo, e, por fim, na parte ocidental, o Sancto Santorum, onde se acha a arca da Aliança, o símbolo mais grandioso de todos.

74. Assim, também, andaram os três magos do Oriente (os três corpos do homem) com o pensamento, a Estrela do Cristo Interno, até chegar a Behetleem-Belém, casa de carne, onde reside o ponto central da Divindade nascida em forma humana.

75. A porta do Tabernáculo achava-se colocada na fachada oriental. Estava coberta com uma cortina de linho de três cores: azul, escarlate e púrpura, cores que representam os três aspectos ou Pessoas da Divindade. "Deus é Luz", disse são João, porém a luz branca refrata-se em três cores primárias na natureza e no homem. O vermelho está no sangue, quando este se põe em contato com o ar; essa cor pertence ao Espírito Santo no mesmo homem; o amarelo é a cor do Filho que fulgura no Coração, ao passo que o azul é a cor do Pai, a qual flutua, como bruma, nos ermos das montanhas longínquas. O amarelo do Filho misturado ao azul do Pai proporciona a cor verde vegetal da natureza; é a cor da vida e da energia. O Amarelo com o Vermelho produz o purpúreo sangue das veias como consequência do erro e do pecado.

Naqueles tempos não aparecia o amarelo puro no véu do Tabernáculo porque Cristo não se havia manifestado no Homem para tecer o "traje dourado da boda" da alma humana, que foi a noiva de Cristo, em linguagem mística.

Também significavam essas três cores as três religiões consecutivas do homem: o vermelho, religião do Espírito Santo em épocas passadas; o amarelo, a do Filho, na atual, e a azul, a do Pai, na cabeça, no futuro.

Virá o dia em que as três cores do homem, emancipado das restrições da lei, se misturarão e, girando em redor do Íntimo, formarão, com a União, a luz Branca, síntese de todas as cores.

76. O ALTAR DE BRONZE está colocado à entrada de Leste do Tabernáculo no ventre do Homem. Naquele Altar sacrificava-se algo da propriedade material que possui o homem, para ser consumido pelo Fogo; assim como sentia o sacrificador a perda do animal de sua propriedade, assim também, com a mesma dor e a mesma pena, sentimos hoje o sacrifício de um hábito ou vício animal querido a nossos sentidos. (É a prova do fogo).

A primeira lição dada ao candidato é o sacrifício dos seus próprios instintos animais. O animal era sacrificado por seu amor, por seu próprio bem no Altar de Bronze; ele também deve sacrificar todo o seu bem-estar por amor aos demais no altar do seu instinto (o ventre).

O Tabernáculo no deserto era uma sombra ou projeção das coisas maiores que haviam de vir, diz são Paulo. E todas essas coisas estão *dentro* e não fora do homem.

77. Cada homem deve construir seu próprio Tabernáculo, isto é, o seu Corpo-Templo; deve converter-se em Altar do Altíssimo e ser o Sacerdote e a hóstia ao mesmo tempo; deve ser o sacrificador e a oferenda ou sacrifício que nele se oferece. Como Sacerdote, deve nele degolar o animal e queimá-lo por amor aos demais.

O fogo de densa nuvem de fumo que flutua sobre o Altar de Bronze e que consumia a vítima, é nosso remorso que consome nossos erros e faltas. O fogo do remorso é escondido pela Divindade Interna; é a única purificadora de nossos vícios. Embora, a princípio, nos maltrate seu fumo, dentro do mesmo fumo reflete a Luz que pode servir-nos para chegar ao mundo da Unidade, mundo da pura luz da Verdade.

Temos de sacrificar nossos instintos no altar de nosso Deus Íntimo, queimá-los com o remorso para sermos perdoados e em nós cumprir-se o que disse o salmista "ainda que sejam seus pecados tão vermelhos como escarlate, ficarão tão brancos como a neve".

Depois da purificação pelo fogo no Altar de Bronze e de ficar o aspirante limpo dos instintos animais, caros a seus sentidos, devia lavar-se no Lavabo de Bronze, Grande Pia que se mantinha sempre cheia de água.

78. O fígado é o Mar Vermelho dos desejos que tiveram os hebreus de atravessar no êxodo para a terra da promissão, até Jerusalém (cidade da paz, o corpo humano limpo dos desejos inferiores), o Altar de Bronze em que os instintos animais, radicados na parte inferior do ventre, devem ser queimados pelo fogo do arrependimento. O Lavabo de Bronze é a depuração dos desejos inferiores na Região do Fígado; é a santificação e a consagração pelo serviço, para poder construir o verdadeiro templo do Deus Interno. E, quando sair da água, sobre ele baixará o Espírito Santo em forma de pomba e a voz do *Pai* será ouvida dizendo: "Este é meu filho bem amado".

79. Passado o aspirante em sua viagem mental pelo charco dos instintos no baixo-ventre e pelo fogo dos desejos no Fígado, acha o véu que vela a entrada do Templo Místico, ante o Coração.

Ao correr o véu, entra no quarto oriental chamado o Lugar Sagrado ou o Lugar Santo. Esse lugar não tinha nenhuma abertura por onde pudesse passar a luz externa, porém, dia e noite estava iluminado por uma luz interna.

Coloque o aspirante seu corpo em disposição para compreender esses sagrados símbolos e procure penetrar com o pensamento a parte interior do peito buscando ver o que há dentro.

À maneira do Tabernáculo, verá mentalmente os objetos, único mobiliário do Lugar Santo ou Peito: o Altar do Incenso (o Coração), a mesa dos pães da proposição (os pulmões) e o Candelabro de Ouro do qual procedia a Luz (os sete centros luminosos, chamados Chakras, na espinha dorsal do Homem).

Só o Sacerdote (Iniciado) podia passar o véu externo e entrar.

80. No Lugar Santo, acha-se, ao lado esquerdo, o Candelabro de Ouro das sete luzes. São os sete Anjos diante do trono do Senhor; com essas luzes iluminam o mundo interno do homem.

Na mesa da proposição (pulmões) havia doze pães (que representam os doze signos zodiacais) elaborados pelas doze faculdades do Espírito ou doze glândulas internas, que colaboram no pão da vida para desenvolvimento da alma. O Mesmo Íntimo deu-a a nós por meio dos doze departamentos sob o domínio das doze hierarquias. Esses pães devem alimentar a Alma de cada Homem para serviço dos demais.

81. O Altar de Ouro do Incenso é o Coração, onde o Iniciado Sacerdote deve queimar o Aroma do Serviço e do Amor no Lugar Santo, antes de poder penetrar no Santo dos Santos.

O animal ou erro foi queimado no Altar de Bronze; o Insenso (ou serviço) é queimado no Altar de Ouro ou do Incenso, ante a presença do Senhor. O erro é queimado pelo remorso, o serviço é queimado pelo fogo puro do Amor Impessoal. O cheiro do fogo do remorso é nauseabundo; o odor do serviço é fragrante.

Uma vez oferecido seu serviço, como insenso, no altar do coração, já pode o Aspirante levantar o segundo véu para penetrar, em sua elevação, no quarto ocidental chamado o Santo dos Santos.

82. O *Sanctum Sanctorum* é a cabeça do Homem, saturada de uma grandeza Divina. Nesse quarto ninguém podia entrar senão o Sumo Sacerdote e o Hierofante Mor, somente uma vez no ano. Todo o Tabernáculo é Santuário de Deus, assim como o corpo físico do homem é a residência do Íntimo; porém, na cabeça ou Sanctum Sanctorum manifesta-se a Glória do Shekinah. Por isso só o perfeito Hierofante pode n'Ele penetrar, uma só vez por ano, no dia da Propiciação.

No extremo ocidental do Santo dos Santos (cabeça), na parte mais extrema do Oeste de todo o Tabernáculo, descansava a Arca da Aliança. Era um receptáculo côncavo que continha o Pote de Ouro do Maná, a Vara de Aarão e as tábuas da Lei.

A Arca da Aliança é a forma interna da cabeça do homem, que representa o desenvolvimento desta em todas as idades.

No subconsciente estão escritas as leis divinas e naturais, como disse são Paulo, que lhe ditam como trabalhar com elas sem quebrá-las; desse modo converte-se em servidor das leis por amor às mesmas leis.

O Pote de Ouro do Maná é a mente que baixou do céu Íntimo ao corpo humano que possui a mente. Esse Espírito na cabeça, ou Arca da Aliança, é o que dá vida aos órgãos e se acha encerrado dentro da Arca de cada ser humano.

A Vara de Aarão é o princípio Criador do homem

que reside na medula desde a Glândula Pineal e se manifesta no sexo. A Glândula Pineal é a que dá força espiritual criadora à Árvore do Éden para dar seus frutos. É a origem da força criadora no homem que deseja utilizá-la para a regeneração e não para a degeneração.

83. Todo aspirante, para chegar a Hierofante e poder entrar no Santo dos Santos, deve, por meio da castidade, fazer florir nele a Vara de Aarão.

De ambos os lados, sobre a Arca da Aliança, no interior da cabeça, achavam-se dois Querubins em reverente atitude. Adoravam o fogo ardente da Glória do Shekinah, da qual saía a Luz do Pai e comungava com seus adoradores.

Seguindo mentalmente a viagem espiritual do aspirante que agora é Hierofante e ao chegar à parte ocidental da cabeça (jardim do Éden, de onde foi expulso), vemos dois Querubins que impedem a entrada do Éden.

Esses dois Querubins são duas grandes forças figuradas no Anjo da Espada e no Anjo da Guarda, o Intercessor. O primeiro é terrível; espanta-nos, com sua espada lançando chamas, anotando nossas ações. O segundo é nosso intercessor ou Custódio.

O primeiro obstrui nosso passo por meio de nossa forma mental grosseira, composta de nossas más paixões e desejos. O segundo reúne os átomos dos mais elevados e sutis de nossas aspirações, ideais e obras de serviço.

84. No Altar das Oferendas devemos queimar os átomos do instinto e no Altar do Incenso oferecer os dos desejos para poder entrar novamente no Reino de Deus.

O Centro do Santo dos Santos está ocupado pelo Triângulo sagrado do Shekinah, que simboliza "a presença de Deus no meio de nós". Está sempre iluminado e simboliza o fogo do fervor e a chama, Luz da Divina presença. O Triângulo de Shekinah simboliza a Trindade do Absoluto ou Íntimo em sua manifestação: o Pai no Átomo do Entrecenho, o Filho no da glândula pituitária e o Espírito Santo na glândula pineal.

Cristo foi o primeiro que por seu autossacrifício rasgou o véu e abriu o caminho para o Santo dos Santos.

85. Cristo pôs fim ao santuário externo para erguer o Santuário Interno.

O Altar de Sacrifício dos instintos purga as faltas; o candelabro de ouro deve ser aceso em todo esse Santuário Íntimo para que Sua Luz nos guie à união com o Pai, que mora dentro de nossa consciência Divina.

86. Uma vez que o aspirante é feito Sacerdote do Altíssimo e entra no Santo dos Santos para unir-se com o Pai, deve sair novamente para ajudar seus irmãos no mundo e, uma vez terminada sua missão com eles, tem de ser crucificado, no Crânio, esse ponto de nossa própria Cabeça pelo qual sai o Espírito, definitivamente, ao abandonar o corpo, com a morte. O Gólgota é a meta do desenvolvimento humano, na *Iniciação Cristã, mas não na Iniciação Hebraica*, porque não havia chegado o tempo.

87. Antes da vinda de Cristo, os hebreus iniciavam-se nos mistérios do Tabernáculo, porém, nunca chegavam até o próprio sacrifício; por isso a iniciação era incompleta.

88. Desde a vinda do Cristo ao mundo, a iniciação Egípcia e Hebraica foram completadas pela Iniciação Cristã cuja meta é ensinar-nos como imitar Cristo, seu fundador, que traçou o caminho especial e único: entrar em união com o Pai muitas vezes, espiritualmente, para voltar a sacrificar-nos pelos demais, antes de dar o salto final.

89. Resumo da Iniciação Hebraica:

O instinto da carne deve ser consumido no Altar do Sacrifício próprio pelo remorso; a alma deve ser lavada e purificada de seus desejos; então o homem pode buscar seu íntimo, no seu templo interno.

Em sua busca está iluminado pelos sete raios das Sete Virtudes; seus pensamentos, palavras e obras convertem-se em pão da vida para suas doze faculdades do espírito; seu serviço impessoal será como incenso queimado pelo amor aos demais no altar do seu coração.

90. Nesse estado, já pode "ir ao Pai, ao céu e o céu está dentro do homem", e pode identificar-se com o Pai, convertendo-se em Deus Homem, consciente da sua Onipotência criadora desde o céu de sua Mente pela União com o Pai na própria consciência divina, na Glória de Shekinah.

6. A iniciação cristã e sua relação com o homem

91. Jesus disse: "Eu não vim abolir as leis, senão completá-las". Depois de explicar de um modo resumido as Iniciações Egípcia e Hebreia, cabe-nos agora dizer algo sobre a Iniciação Cristã, que é complemento e perfeição das anteriores por ser a única que abriu a porta da União com o íntimo no Reino Interior de Deus para todos os homens, coisa que não sucede nas anteriores, porque só aceitam reduzido número.

A Iniciação Cristã é o caminho do Amor que leva à União com a Divindade Interna, e o seu primeiro grau é o Batismo.

92. Para poder compreender o mistério do Batismo temos de rever os primeiros versículos do Terceiro Capítulo do Evangelho de são João, que dizem:

Vers. 1. E havia um homem dos fariseus chamado Nicodemos, príncipe dos Judeus (o intelecto).
Vers. 2. Este veio a Jesus à noite e lhe disse: "Rabbi, sabemos que és de Deus porque ninguém pode fazer os milagres que fazes se Deus não está com ele".

Vers. 3. Jesus lhe respondeu e disse: "Em verdade, em verdade te digo que não pode ver o Reino de Deus (que está dentro) senão aquele que renasce".
Vers. 4. O Nicodemos lhe disse: "Como pode um homem nascer sendo velho? Porventura pode voltar ao ventre de sua mãe e nascer outra vez?"
Vers. 5. Jesus respondeu: "Em verdade, em verdade te digo que não pode entrar no Reino de Deus (Interno) senão aquele que for nascido da Água e do Espírito Santo".

Cristo, na última frase, alude ao domínio dos elementos da Água e do Fogo no homem como princípio da Iniciação Cristã (ver a Iniciação Egípcia).

93. Na Iniciação Antiga, o neófito, depois de alcançar a justificação pelo sacrifício, tinha de lavar-se ou banhar-se para poder entrar no próprio Santuário. Jesus, o Alto Iniciador, cumpriu no Jordão esse antiquíssimo rito do Batismo. E, quando saiu da Água, isto é, triunfante dos seus desejos, desceu sobre ele o Espírito Santo.

O Batismo Cristão é como a purificação antiga dos Judeus e como a prova da água na Pirâmide do Egito. Uma vez que o neófito é batizado, quer dizer, purificado de seus desejos na fonte da vida, e quando sobre ele desce o Espírito Santo, dedica-se à sua missão; o Amor, manifestado pelo serviço; servir a humanidade desinteressadamente, como Jesus, pois já foi purificado dos seus próprios desejos. Então o Batismo representa a primeira escala do amor

Impessoal, que dá acesso à Fonte da Vida Universal, ao Reino de Deus que está no Interior do Homem.

Mas o Batismo não significa o fato material de submergir-se na água ou ser orvalhado com esse líquido, porque esse fato não é mais que alegoria ou símbolo.

Já dissemos que os elementos da água necessários para a vida do homem são os que constituem, neste, o corpo de desejos e é preciso dominá-los para a purificação.

De maneira que o símbolo externo do Batismo nos indica a necessidade da pureza interna de nossos desejos e paixões, e isso pode ser efetuado em qualquer parte do mundo e em qualquer momento.

94. Quando o Sacerdote unge o alto da cabeça, a fronte, o peito etc., com o azeite, antes de derramar a água que limpa, dá-nos a compreender, ainda que o mesmo Sacerdote trabalhe inconscientemente, que, por meio do Santo Óleo e do magnetismo puro dos seus dedos, facilita, às vezes, o movimento dos centros magnéticos que começam a girar e — tudo é movimento — abrem-se para receber a água batismal da purificação. Assim também, quando o neófito começa a adquirir a pureza interna por meio do Batismo esotérico, abrem-se seus centros Magnéticos de Poder para receber o Espírito Santo.

95. O Batismo do Espírito Santo é a segunda etapa ou continuação da primeira. Quando o Iniciado depurou seus desejos negativos, advém a exaltação espiritual, seguida de uma reação. Já não pode pensar com a razão porque começa o sentir do coração e haverá novo céu puro onde receberá o Batismo do Espírito Santo, que não pode conceber nem conter em seu veículo de carne.

Experimentado esse Batismo, foge para o deserto, e nesse estado de êxtase pode sentir o Pai, fonte de toda vida, e compreender o significado de Deus feito carne. Então poderá dizer como são Paulo: "Nem os olhos humanos jamais viram o que prepara Deus a seus eleitos".

96. Chegando a esse estado, tem de sofrer a prova da *Tentação*. Essa prova é muito perigosa porque o Demônio ou Inimigo Interno que reside em nossa natureza inferior lhe grita: "Faça que essas pedras se convertam em pão; agora que já é poderoso, domine o mundo inteiro". Porém o Iniciado acaba de banhar-se com a água do Amor Impessoal, Fonte da Vida; sacrifica tudo, até mesmo sua vida, de preferência a valer-se desses poderes para bem pessoal. Esquece-se de sua dor, de suas necessidades, de sua fome, para aliviar aos demais, prover-lhes as necessidades e alimentar gratuitamente milhares de pessoas, e responde ao Inimigo Secreto: "Nem só de pão vive o homem, senão de cada palavra procedente de Deus". Isto é, quando o homem se banha na Fonte da Vida Universal, sente-se atraído por seus pensamentos para o Íntimo; pode alimentar-se de suas próprias aspirações sem necessidade de recorrer a grandes quantidades de alimento do corpo e, para que a alma possa alimentar-se da palavra de Deus, necessita de passar por longo jejum.

Vencida, a tentação vai conduzir o Iniciado a outra etapa mais elevada: a Transfiguração.

Com o Batismo, adquire o Homem poderes espirituais; com a Tentação, decide para qual lado se inclina no emprego de seus poderes, se para o bem, se para o mal, porque esses poderes são como a dinamite que pode aplicar-se à construção ou à destruição.

97. Uma vez dominados os elementos inferiores do fogo e da água, do instinto e dos desejos por meio do triunfo do pensamento sobre a Tentação que incita a servir-se dos poderes em benefício próprio, ou para adquirir fama, glória etc a Força do Espírito Santo Universal irradia Luz Divina no aspirante, do mesmo modo que o foco elétrico irradia e comunica luz a tudo e a todos os que estão dentro de sua esfera de ação. Basta a sua presença para resolver todos os problemas dos homens. Ele é pobre, mas pode dar riquezas aos demais; é humilde, mas irradia glória; é silencioso, mas inspira as mais sublimes e construtivas ideias. Essa é a Transfiguração, processo do Espírito que ilumina o Corpo, Templo do aspirante, e rasga todos os véus para que a Luz Interna ilumine todo o ser. É o Cristo Radiante que se manifesta desde o coração; é a *Luz do Mundo*.

98. Anatomicamente, a medula espinhal divide-se em três seções que contrarregram os nervos motores, sensoriais e simpáticos. Quando o aspirante domina a Tentação, sobe o fogo Espiritual em forma serpentina perto do cordão espinhal, até chegar ao cérebro, de modo incompreensível para a maioria, e esse fogo depura as substâncias grosseiras dos três corpos inferiores do homem: físico, passional ou vital, e mental, para começar o processo de regeneração ou Transfiguração.

O Fogo do Espírito Santo, no Sacro, converte-se em Luz no cérebro e então o homem torna-se Onisciente sem necessidade de intelecto.

Quando chegamos à Transfiguração, irradiamos somente a Luz Branca do Íntimo, como o Sol Espiritual, e, então, podemos dizer: Ele é Eu, Eu sou Ele; Eu sou um com o Pai no Reino do Íntimo.

99. Depois da Transfiguração, isto é, da União com o Pai no Reino do Deus Íntimo, deve o iniciado voltar ao mundo, a seu corpo unido ao mundo para sofrer três sacrifícios: o Sacrifício do corpo, o da alma e o do Espírito, por seus irmãos, como o faz a mesma Divindade.

O primeiro Sacrifício, o do corpo físico, está representado pela última Ceia.

Quando o aspirante sacrifica seus instintos animais *no Altar de Bronze*, seu próprio corpo físico se torna *alimento verdadeiro* e seu sangue, *bebida verdadeira*, para seus doze discípulos ou faculdades do espírito colocadas em seu organismo como escalões para chegar à estatura de Cristo. Para atingir a meta da Iniciação, devemos apoiar-nos nessas faculdades, tal qual o homem que para progredir na vida há de apoiar-se nos demais para ascender; porém, uma vez tendo subido, é sua obrigação oferecer-se ou sacrificar-se por aqueles que o serviram na escalada e tê-las consigo em seu Reino.

100. As doze faculdades do Espírito, representadas pelos doze signos zodiacais, pelos doze discípulos de Cristo, têm-nos acompanhado desde tempos imemoriais, em nossos instintos, em nossas quedas, em nossas dores para chegar à evolução atual. Hoje que o homem já tem sua mente formada e completa, deve, por meio desse dom, sacrificar-se pelo bem desses amigos, companheiros nossos durante tantas idades. Porém, esse sacrifício não é só para bem deles, senão para benefício próprio, porque a mente, sem o auxílio desses discípulos ou faculdades internas, não pode chegar a nenhuma parte do caminho.

101. Quando a mente sacrifica a atração do instinto animal, converte o corpo e o sangue em hóstia pura, em pão e bebida dos anjos, que desce do céu do Espírito para alimentar a todos os seres de seu organismo. Converte-se em sacerdote do Altíssimo, que sacrifica o gozo do seu corpo animal em que se acha identificado, em benefício de seus servidores internos. Então, estes se iluminam e começam a trabalhar não só pelo bem do mesmo corpo, mas ainda pelo de todos os seres que habitam, e a dominar os instintos que atam à animalidade.

102. O segundo sacrifício é o da alma, e está representado pela agonia do horto das Oliveiras.

Não basta sacrificar os instintos animais do corpo; é necessário carregar na própria alma todos os sofrimentos dos demais: morais, mentais e físicos, para poder aliviá-los.

Todo Iniciado deve sofrer a dor do próximo para

saber como aliviá-la; deve sentir todas as desgraças do mundo em sua alma para encontrar-lhes um remédio eficaz. Deve apurar o cálice da dor e da amargura para que seu coração possa oferecer a cura e o auxílio sem limitações; então seu coração se converte em horto de agonia, no qual chora pelas desgraças alheias.

Porém, a dor mais intensa nessa etapa é a ingratidão e abandono dos seres mais queridos de seu coração. Aqui, abandonam-no seus melhores anseios e desejos formados para suavizar o mundo, por ver que não bastam anseios, mas é necessário o sacrifício próprio, sacrifício vivo.

Cada um de nós pode passar por essa iniciação e sentir essas mesmas dores. É a única Iniciação verdadeira e, fora dela, não há nenhum objetivo em pôr o pé na senda interna. Para que o leitor aspirante a compreenda, deve dirigir seu pensamento, por um instante, ao Cristo e imitá-lo.

103. Suponhamos que, ao levantar-se do leito pela manhã, resolva alguém tomar a mesma trilha de Cristo. Que sucederá?

Antes de qualquer coisa, deve sacrificar o animal em seu próprio instinto, abandonando tudo o que possa satisfazer o corpo: luxúria, alimentos requintados, camas macias, bebidas etc., e tem de submeter-se a jejuns, mortificações, orar, meditar e sofrer toda sorte de privações. E tudo isso para quê? Para, com o tempo, chegar a ter o poder de curar um enfermo desconhecido, aliviar sua pena, salvá-lo de uma desgraça, sem que ele saiba quem foi seu médico ou quem o salvou da desgraça. Esta é a primeira etapa.

104. Depois, deve o aspirante à vida superior privar-se, por seu serviço incógnito e impessoal, da recompensa, da fama, da glória, prosseguir na pobreza, matar o desejo de cobrar por seu trabalho etc. Por último, é caluniado e insultado como ignorante inepto, considerado pelos pudicos do mundo como ser inútil na vida, desprezado e abandonado até por suas esperanças e desejos.

105. Finalmente, tem de passar pelo terceiro sacrifício que é a crucificação, a qual dura toda a vida e todas as vidas posteriores em sua obra de salvação, sem a menor esperança de recompensa.
Se alguém pensar no que foi dito antes e nele meditar, verá:

1º Que a Iniciação está no mundo interno do homem e não é necessário ir a parte alguma para recebê-la; e
2º Que todo Iniciado tem de sofrer as mesmas dores do Cristo.
O terceiro sacrifício pertence ao Espírito e está representado pela crucificação.
Consiste em viver para morrer pelos demais sem aspirar nenhuma recompensa material nem espiritual; sacrificar-se para melhorar o mundo e continuar sacrificando-se até a consumação dos séculos.

106. Depois de saturar-se com a dor, o futuro Cristo se torna uma fonte de Amor impessoal para aliviar todos os males do mundo; porém, para chegar a esta etapa precisa de tornar-se Salvador e, para sê-lo, é necessário que em seu coração se una a sua mente e se crucifixe no Crânio ou Gólgota.

Esse estado desenrola-se do seguinte modo:

Na Última Ceia sacrificou seus instintos para oferecer seu corpo como alimento puro; na agonia do Horto, ofereceu sua alma para carregar a dor alheia. No primeiro sacrifício, mudou a direção de sua força sexual criadora, que, em vez de dirigir-se para baixo e esgotar-se na satisfação das paixões bestiais, agora se dirige para cima, para a cabeça, como fogo regenerador para pôr em vibração a glândula pineal e abrir a vista interna.

107. Esse Fogo Sagrado, ao repercutir na caixa craniana, Arca da Aliança, acende a glândula pituitária, de cujo âmbito se desprende uma Luz maravilhosa em forma de coroa de espinhos. Essa coroa é muito dolorosa, porque significa que o corpo físico se está consumindo pelo Fogo do Espírito que se desprende, não só da cabeça, em forma de coroa, mas também das mãos, dos pés e, desse modo, fica todo o corpo como um holocausto aceso sobre o Altar do Íntimo.

Nesse estado fica o Iniciado crucificado em seu Crânio-Gólgota e, quando se consuma o autossacrifício, lança o grito triunfal, porque está consumado o sacrifício do corpo físico, dos instintos e do corpo de desejos; então o Iniciado se torna companheiro de seu Pai e sua missão será praticar a Religião do Pai que é a Unidade ou o Todo em Todos.

O mais alto grau da Iniciação que conduz à União com o Íntimo Infinito é a Crucificação, para salvação da raça humana. Todos os aspirantes à iniciação têm de ser coroados de espinhos.

108. O objetivo da iniciação não é a busca dos poderes mágicos, senão o sacrifício pelos demais. Sem esse requisito não há religião, nem escola, nem ocultismo, nem misticismo.

O Iniciado deve converter-se em Salvador do mundo, dissipando os horrores de uma época e de uma geração, carregando sobre seus próprios ombros o pecado do mundo.

Os espiritualistas compreendem que, quando curam um paciente por meio espiritual, o médico tem de experimentar o sofrimento mental do enfermo em si mesmo e deve experimentá-lo em plano superior. É um estado muito penoso esse de transmutar a dor em seu equivalente mental para quem curou o enfermo, de modo que essa amargura mental é tremenda. Temos o exemplo de Jesus quando chegou a essa hora em que devia carregar-se com o pecado daqueles que curara moral e fisicamente; exclamou: "Pai! Aparta de mim este cálice, se é possível; mas, faça-se a tua vontade e não a minha".

Quando um espiritualista deseja a cura moral ou física de um enfermo, incorre em certos trabalhos que infringem as Leis Superiores.

Suponhamos que um enfermo do estômago ou outro, espiritualmente deprimido, venha a um espiritualista e lhe peça cura. Havendo de compreender que a enfermidade é efeito de uma desobediência à Lei natural. A dor de estômago, por exemplo, é o resultado da maneira de comer, ou da quantidade ou da classe de comida, desobediência ligada ao seu castigo. Consiste a cura em eliminar a dor ou castigo da Lei, enchendo o órgão dolorido com certos átomos vitais emanados do curador.

O órgão enfermo pode se parecer a um recipiente cheio de água suja, e a força vital é como água limpa derramada nesse recipiente até atirar fora o conteúdo imundo.

Verifica-se nesse processo que o médico espiritualista tem de perder energia ou vazar de seu corpo uma quantidade de átomos sãos e vitais, e, ao mesmo tempo, por lei de compensação, tem-se de encher esse vazio com outros átomos viciados do enfermo. É certo que nem sempre logram esses átomos enfermos contagiar o médico com a enfermidade física, mas suas vibrações negativas ou seus pecados magoam muito sua mente e sempre lhe produzem esse sofrimento mental.

"Quem me tocou?" perguntou Jesus a seus discípulos, e estes respondem: "Mestre, está entre a multidão e pergunta quem o tocou?"

"Senti que de mim saiu uma força", respondeu Jesus.

Isso é uma analogia para que o leitor compreenda que a missão do Iniciado é salvar e sofrer a dor dos demais; porém, quando passa pelo sacrifício, então nunca mais reencarnará; converte-se em Logos do Raio a que pertence.

109. Como se vê, todas as Iniciações, antigas e modernas, têm uma só mira: guiar o homem no mundo interno, mundo do Íntimo, e de todos sabemos que a única senda franca para esse mundo é a senda mental ou pensamento.

Cada religião e cada escola têm sua iniciação própria e todas vão dar num ponto só, pois tais iniciações são mero símbolo de uma realidade interna e nunca se deve confundir alegoria com Verdade.

110. Existe, no fundo de cada religião, a verdadeira Iniciação, e a essa deve o aspirante voltar toda a sua atenção e pensamentos.

Muitos leitores perguntarão talvez: "Como podemos ser iniciados, e a quem devemos recorrer para obter a verdadeira Iniciação?"

Respondemos: "Todas as Iniciações são boas se conduzem o pensamento ao mundo interno e o *Único Iniciador deve ser o Eu Sou*".

7. A iniciação maçônica e sua relação com o homem

111. A Maçonaria é um fato da natureza e, sendo fato da natureza, é repetição diária, sucedida no mesmíssimo homem.

Suas leis são as mesmas de toda religião; estas têm por mira o descobrimento do verdadeiro Ser interior e o conhecimento de si mesmo.

Porém, como sucedeu às religiões, sucedeu à maçonaria: materializaram seus pensamentos para adorá-los em vez de espiritualizar suas obras para converterem-se em deuses.

Não negamos que os segredos exotéricos das religiões e da maçonaria são atualmente de toda gente; porém, o verdadeiro mistério delas não se acha nos livros, rituais ou cerimônias, senão no mais íntimo do espírito no Jardim Edênico cuja porta está guardada e vigiada pelo anjo da espada flamejante. Os religiosos, os sacerdotes de toda religião e os maçons possuem os mistérios à maneira dos camelos do deserto: carregam a água e não morrem de sede e, todavia, correm buscando, por toda parte, o líquido da vida.

112. O símbolo é como a verdadeira arte; nunca deve falar aos sentidos e sim excitar a imaginação; desgraçadamente, porém, o homem atual tem tão lerda imaginação, que não se anima a esquadrinhar nada, contentando-se com adorar o ídolo que gerou.

Seu objetivo é a investigação da verdade; porém, tal investigação deve ser interna e subjetiva, em que pese aos maçons descrentes disso. Dissemos que os símbolos são a alegoria da verdade, mas não são a verdade; apenas exprimem a imagem simples da realidade das coisas. O símbolo é o corpo físico da ideia; mas para conhecer a ideia temos de senti-la e concebê-la.

A finalidade da maçonaria é que cada homem conheça a si mesmo e o conhecimento de si mesmo não consiste em estudar anatomia, se bem que, muitas vezes, a magnificência da anatomia conduza o homem à meditação do mistério.

"Eu sou o pão da vida" disse o Divino Mestre. Poderemos crer que essa frase simbólica significa o pão que comemos diariamente, e que quem o coma viva eternamente?

113. Antigamente, quando o homem não materializava seus pensamentos, não tinha necessidade de símbolos nem alegorias. Até agora, alguns animais têm, instintivamente, a sensação do barômetro e sentem, de antemão, a chegada da tempestade, ao passo que o homem tem de recorrer ao aparelho de suas investigações. Tudo isso aconteceu desde que o homem começou a crer, em tudo, nos cinco sentidos e abandonou a intuição subjetiva.

Assim compreendemos que os símbolos, na maçonaria, têm por objetivo redescobrir a luz oculta pelos véus dos sentidos. São necessários, até certo ponto, porque constituem o corpo físico do ensinamento; porém, não devemos jamais imaginar que o homem somente viva quando em seu corpo físico.

Oportunamente explicaremos, quanto possível, o significado de cada símbolo.

Então, como dissemos, aparecerá a maçonaria como repetição das leis naturais no mesmo homem, segundo a máxima de Hermes: "Em cima como embaixo".

MAÇOM OU FRANCO-MAÇOM

114. O termo franco-maçom deriva-se, conforme alguns autores, de *phree messen*, vocábulos egípcios que significam: *filho da Luz* e, para outros, *livre construtor*.

Em linguagem maçônica Deus se conhece com o nome de *Grande Arquiteto*. *Arqui* é uma palavra grega que quer dizer: *substância primordial* ou *primária*. *Tekton*, em grego, quer dizer *construtor*. Diz-se que José, o pai de Jesus, era carpinteiro; porém a palavra empregada em grego é *tekton*, isto é, *construtor*, e mal pode ser traduzida por carpinteiro. Igualmente se diz ter sido Jesus *tekton*, ou seja, construtor. Desse modo, o termo *franco-maçom* significa ou "filho da luz" ou "construtor", que está se esforçando por construir um templo místico, por construir, dentro de si, o altar de seus sacrifícios, e que deve velar e orar enquanto espera pacientemente que o fogo divino baixe para consumir sua oferenda.

Quer franco-maçom signifique *filho da luz* ou *livre construtor*, essas denominações dignificam o homem que o aceita, porém podemos perguntar: "Quantos homens que têm o título de maçom são dignos desse termo?"

TEMPLO

115. O templo é o lugar onde se reúnem os maçons para elaborar seus trabalhos. Essa palavra deriva-se do latim *tempus* (tempo). Já repetimos e insistimos agora que, desde que o homem abandonou seu estado edênico, seu paraíso espiritual, afastou-se muito da verdade e não mais pôde conceber o abstrato; teve de materializar suas ideias, como são Tomé, que depois da ressurreição do Senhor não podia conceber intelectualmente tal prodígio e quis introduzir o dedo nas chagas para averiguar o fato. Assim sucede com todo homem. Desde o momento em que se esqueceu de Deus que mora em seu coração, de suas leis naturais no Universo e do corpo físico, inventou um deus exterior e criou um edifício para alojá-lo. Esse edifício chama-se *templo*. Mas, não se deteve aí; quis compreender intelectualmente a natureza de Deus. Então começou a dar-lhe formas iguais ao próprio corpo físico e a atribuir-lhe desejos e paixões e, por último, fez-se representante d'Ele na terra. Deus se converteu num ser temível, exposto à ira, vingança, ódio etc., e apesar de ser infinito, reduziu-se ao extremo de poder habitar num edifício chamado *templo*.

116. O iniciado ou filho da luz compreende até a evidência que o Universo inteiro é o Templo de Deus, que o templo de Deus é universal, não sectário, e que sua contraparte é o mesmíssimo corpo do homem. Está escrito: "Não sabeis que sois templos de Deus e que o Espírito de Deus mora em vós?"

117. Os egípcios, que eram muito mais sábios que nós, quando construíam seus templos, imitavam quanto possível as leis cósmicas universais, que se refletem no corpo do homem. A Pirâmide de Quéops é o templo mais perfeito. Nesse monumento eterno pôde a mente iniciada encerrar alguns mistérios do corpo físico refletidos pelos do Macrocosmos. O iniciado ou sacerdote egípcio conheceu-se a si mesmo, física e espiritualmente e escreveu seu conhecimento nesse livro que a Pirâmide é, para que seu irmão menor possa ler nele e saber como ele o modo de entrar em seu interior e adorar a Deus.

Não disse o Cristo: "Chegará a hora em que não adorareis o Pai, nem neste monte, nem em Jerusalém. Deus é Espírito e é necessário que aqueles que o adoram o adorem em espírito e verdade".

E o templo de Salomão não é imitação do corpo físico? Todos os seus mistérios não significam o processo alquímico que se efetua diariamente dentro do corpo do homem?

118. A humanidade, qual filho pródigo do Pai Celestial, faminto no deserto do mundo, alimenta-se com os desmandos dos seus prazeres que enfermam a alma; mas sempre teve a voz interior do *Eu Sou* que lhe grita: "Volta para teu lar".

O iniciado, filho da luz, depois de sofrer mil misérias atrás dos prazeres, sente-se impelido pela voz interior a voltar ao seio do Pai e formar do seu corpo uma casa, um templo para Deus, um templo do espírito, onde possa entrar, fechar suas portas para encontrar o Pai frente a frente e responder a sua voz.

Porém, como nem todos puderam ouvir essa voz, essa voz interior, o Pai nos fala com linguagem simbólica, a qual, por sua vez, oculta e, a seu tempo, revela as verdades espirituais. Valem-se dos irmãos maiores para trazer à nossa vista o símbolo do Templo, cujo objetivo é fazer-nos voltar interiormente a Ele, ao nosso coração, o único altar da Divindade.

Adorar a Deus em espírito não significa prostrar-se ante uma imagem dentro de um templo feito por mãos humanas, senão, à maneira de Melquisedec, no templo não construído por homem algum. Porém, tal qual contemplamos o retrato de um ser querido, porque o retrato desperta em nosso coração um sentimento terno, assim, o simbólico templo acende em nosso peito o desejo de adorar o Deus interior, que está fora do alcance dos sentidos físicos.

119. Cristo pôs fim à época do Santuário, ou templo externo, desde o momento em que fez o autossacrifício;

desde então, devia o Altar dos sacrifícios levantar-se em nosso coração para reparo das culpas. O candelabro de ouro deve estar dentro do corpo para que nos guie o Cristo interno e a glória do Shekinah do Pai more dentro dos recintos sagrados de nossa própria consciência divina.

Então, o templo é a representação alegórica do corpo físico. Todo iniciado deve penetrar diariamente, por meio da concentração e meditação, no templo interior, o coração, e permanecer aí largos minutos em presença de seu Pai Celestial. Deve o aspirante deixar qualquer sistema, exercício, escola ou religião, e dedicar-se a essa comunhão com o Pai, porque o templo da religião esotérica e o da maçonaria têm por mira levar o homem a esse fim.

A LOJA

120. O templo representa o Universo que é o Templo de Deus, cuja contraparte é o corpo humano. No interior do Sagrado Templo há uma câmara destinada à reunião geral para estudar as obras de Deus. É a câmara interna, é o sol do Templo, o lugar santo onde mora a Presença de Deus: a *Loja*.

A Loja é a manifestação do Logos ou Palavra, ou o Cristo que vive em cada um dos membros e encontra em seu conjunto uma harmônica expressão. Assim como o templo é a contraparte do corpo físico, a Loja é a contraparte do lugar santo que se acha dentro do homem onde o Cristo, *Eu Sou*, está trabalhando sempre, construindo e expressando o Plano do Grande Arquiteto. O verdadeiro *Sanctum Sanctorum* encontra-se no interior do homem, o qual, para materializá-lo, lhe deu um símbolo que é a Loja onde busca a inspiração.

Também a Loja representa a superfície da terra com os quatro pontos cardeais: Oriente, Ocidente "caminho da luz", Norte, Sul, sua largura; com terra, fogo e água sob nossos pés, e ar sobre nossas cabeças, mais acima das quais representa o teto da Loja um céu estrelado, símbolo de um mundo imaterial. Tudo isso quer dizer que, como o Universo não tem limites e é um atributo de Deus que abarca tudo, assim também a Loja, o Logos, o Cristo dentro do homem, praticamente não tem limites, está dentro e fora, e tudo o que é feito por ele foi feito.

121. Além disso, se examinarmos detidamente a Loja, verificamos ser a representação completa e exata do mesmo corpo do homem, interna e externamente. Temos de apurar a compreensão desse símbolo; senão, o maçom será como o papagaio que repete as palavras sem as entender.

Foi dito que Loja, Logos, palavra do Verbo, Cristo, Eu Sou, significam a mesma coisa. Agora examinaremos a doutrina da redenção cristã. O Verbo fez-se carne; em nós se manifesta para salvar-nos. Quantos são os que têm meditado nesse mistério? Cristo disse: "Eu sou o pão vivo que desci do céu... As palavras que eu vos disse são espírito e vida". Então a redenção se consegue por meio da fidelidade à Palavra, o Cristo ou Verbo Divino, que é o

Eu Sou interior e que *nasce* ou se manifesta em nós e nos conduz das trevas à luz, da morte à Imortalidade.

Então a Loja é a habitação do Logos, do Verbo, da Palavra, do Cristo, e essa habitação é o mesmo corpo físico.

122. Abrir a Loja significa deixar que o Cristo interno manifeste, expresse (faça pressão para fora) seu poder por meio de nosso organismo, células, porque nossos corpos são seus canais. Esse é o verdadeiro significado da Loja, o qual só a compreensão interna pode entender e cuja doutrina vital deve fazer-se carne, sangue e vida em nós para operar o milagre da regeneração ou nascimento do Cristo em nós, fim da Iniciação ou trabalho interno.

Esse mistério não é somente propriedade do cristianismo, senão de todas as religiões: egípcios, orientais, gregos, romanos, gnósticos e cristãos. É a doutrina da luz interior que identifica o homem com seu Deus; porém cada religião a exprime por diferentes formas, palavras e símbolos, adaptando-se à inteligência e capacidade de seus fiéis.

RELAÇÃO DA LOJA COM O HOMEM

123. Todos os manuais maçônicos trataram minuciosamente do significado dos símbolos; porém, nenhum comparou sua relação com o homem, microcosmo que deve encerrar o mistério do Macrocosmo. Pois, como disse Hermes: "Como em cima, assim embaixo".

Os antigos egípcios, para construir a eterna pirâmide de

Quéops, devem ter estudado bem o homem ou o Universo, ou os dois juntos, para alcançar aquela maravilha científica. É compreensível que, nas Lojas atuais, não hajam os signos e os símbolos conservando todo o brilho e verdadeira origem de sua antiguidade; todavia, mantêm o bastante para ocupar a imaginação do homem por várias vidas.

A Loja, dentro do Templo Simbólico, é uma imagem representativa do Universo ou do corpo físico do homem. Tem a forma de um cubo, que corresponde, em sua figura, ao número quatro. Simboliza a Natureza, ou o corpo, com seus quatro elementos e os quatro pontos cardeais. Esses quatro elementos animados pela vida nasceram da união dos princípios primordiais representados pelas duas colunas.

124. A planta do local está orientada em direção de Leste a Oeste. O homem deve seguir a lei Divina para sua evolução; deve imitar Cristo ou o Logos solar em seu trabalho. No *Ocidente*, o sol da vida, finda sua jornada e com radiante esplendor, descansa. Assim é o homem; depois de trabalhar intensamente como o pai Sol durante o dia, busca a paz e o descanso nos braços de Deus por meio do silêncio e da meditação e por fim, do sono, como o faz a criança nos braços de sua mãe.

ORIENTE: Assim como o sol é símbolo da vida e do nascimento, do crescimento e do contínuo esforço, assim deve o homem imitar o sol em todos os seus movimentos. Pelo sol conheceu o homem as leis de Deus e, no Oriente, viu os agentes dessas leis. O nascimento diurno do sol após seu descanso ensina ao homem a continuidade da vida, esforço e evolução. O Oriente é o princípio da vida. *Sul**: Designa a iluminação e espiritualidade porque o sol brilha em todo o seu esplendor. O sul é o ponto onde a mente Divina se manifesta em toda sua plenitude. *Norte*: É o lugar das trevas onde o sol não derrama sua luz. É o mal, o abismo, vale de lágrimas, ignorância, lugar dos desejos inferiores. A Pirâmide tinha, ao Norte, a porta de entrada, o que mostra dever o neófito, cego, ignorante, entrar pelo Norte, lugar das trevas, na Loja, em busca de luz.

125. O homem é também como a Loja; tem os mesmos pontos cardeais. O Oriente nele; a parte superior do corpo por onde pode manifestar seu contínuo esforço; seus cinco sentidos colocados nessa parte são os que o ajudam no serviço, no conhecimento dos mistérios. Seu rosto deve derramar a luz do saber e do benefício.

O Ocidente nele é a parte inferior do corpo. Depois que o Sol Espiritual haja derramado sua luz pela face do homem, incitando-o a expressar-se e manifestar-se, resigna-se a ocultar-se para que sua mente busque a meditação e o descanso assimilando todas as experiências do dia. Então, feche as portas do seu aposento e dedique-se a adorar o Pai interiormente, e receberá a iluminação.

O lado direito ou sul do homem é o lado positivo. O cérebro direito é o instrumento da Mente Divina; todo pensamento altruísta procede dessa parte. O sol espiritual

---

* Em relação ao hemisfério norte. (N. E.)

derrama nele seu manancial de iluminação e nele manifesta o reino da espiritualidade; é a Galileia, a cidade santa etc. do Evangelho.

O esquerdo, o norte, é o lado negativo, o lado tenebroso; o hemisfério esquerdo do cérebro é chamado pela Bíblia *Babilônia*, cidade de confusão, morada dos espíritos luciféricos, dos sentimentos egoístas, Judeia, Cafarnaum do Evangelho e, por último, reino da ignorância de onde nada sai senão o desejo baixo e egoísta.

126. No contorno da Loja acham-se repartidas doze colunas. Segundo a compreensão geral, representam os doze signos do zodíaco; mas conforme entendemos representam um ideal mais esotérico. Semelhante ao sol colocado entre os signos, assim é o verdadeiro homem; está dentro do corpo físico, está suspenso entre duas decisões de onde vai nascer seu futuro espiritual, depois de haver nascido seu vir a ser físico.

Assim como as doze colunas da Loja indicam os doze signos do zodíaco, dentro do corpo físico se acham doze partes, doze faculdades influenciadas por aqueles signos e repartidas em redor do sol espiritual no homem.

O ano tem doze meses; Jacob teve doze filhos; Jesus, doze Apóstolos, e o homem, como contraparte da lei cósmica, tem doze faculdades de espírito em si.

Durante o ano, o sol Pai visita seus doze filhos no Zodíaco; o sol Cristo, no homem, também vivifica durante o ano as doze faculdades representadas pelos filhos de Jacob ou apóstolos de Jesus.

Carneiro ou *Áries* representa a cabeça ou o cérebro do homem cósmico; é Benjamin. Como faculdade intelectual, é a vontade ativa guiada pelo cérebro.

Touro representa o pescoço e a garganta. É Issachar, a força do pensamento silencioso e vivificante.

Gêmeos, os braços e mãos do homem; Simeão e Levi; união da razão com a intuição.

Câncer, os órgãos vitais, respiratórios e digestivos; Zabulão, o equilíbrio entre o material e o espiritual.

Leão, o coração; o centro vital da vida física; Judá; desejos do coração.

Virgem, o plexo solar que assimila e distribui as funções no organismo; é Asher que exprime a realização das esperanças.

Libra, rins e costas do homem; é o equilíbrio no torvelinho da força procriadora; é Dan, a percepção externa equilibrada que se exterioriza como razão e presença.

Escorpião, o órgão gerador ou o sistema sexual; é a queda do homem fora da Balança, ou Libra, ponto equilibrante; é Gad, a geração das ideias.

Sagitário, quadris e assentos do homem; autoridade e governo físico; é José, faculdade organizadora do Espírito.

Capricórnio, rótulas flexíveis do homem, emblema do serviço; é Neftali, símbolo da regeneração ou renascimento.

Aquário, pernas, locomoção do organismo; é Rubens, a ciência e a verdade.

Peixes, os pés, bases fundamentais de toda coisa externa; Efraim e Manaces; paciência e obediência.

Então, as doze colunas que representam os doze signos zodiacais interpretam as doze faculdades do Espírito colocadas no corpo físico do homem.

127. Ao longo do friso, imagem da eclíptica, circula um grosso cordão, em distâncias proporcionais, formando doze laços cujos extremos terminam em borlas apoiadas nas colunas da Ordem.

Essa cadeia ou laço interior explica-nos a relação que se acha entre uma faculdade espiritual e outra. Esse laço interno deve ser procurado individualmente e cada qual deve manifestar o mais elevado de suas faculdades, em pensamentos, sentimentos e obras.

Não basta a manifestação boa de uma só qualidade, senão que todas devem vibrar o uníssono Divino, já que uma vibração negativa tende a anular a positiva. Assim, o laço simboliza a união de todas as faculdades espirituais e a união de todos os maçons, para aperfeiçoarem-se, primeiro a si mesmos e depois à Humanidade, dela fazendo uma família Universal.

128. Ao Oriente levanta-se um estrado ou plataforma, elevado sobre uma escada de quatro degraus e cuja frente é formada por um parapeito. Na parte central dessa plataforma, levanta-se sobre três degraus outro estrado menor, porém capaz de conter o sítio do Venerável Mestre e a ara ou trono que tem diante, disso resultando que se acha erguido à altura de sete graus acima do nível do solo.

O sítio ou sitial do Venerável encerra para nós numerosos mistérios. É outro símbolo do homem, miniatura do Macrocosmo. Foi dito que a frente do homem é o Oriente, por onde derrama o sol seus raios de vida e luz. Dizem os ocultistas ser o assento do *Eu Sou*, ou o trono da Divindade no homem. "A quem vencer, o farei coluna no templo de meu Deus e escreverei sobre sua fronte o nome da cidade de meu Deus, a nova Jerusalém, que desceu do céu, do meu Deus, e também meu nome novo" (*Apoc.* III, 12).

Esse trono eleva-se sobre sete degraus ou escalões.

129. Ensina-nos a ciência espiritual que o homem é composto por sete mundos compenetrados uns nos outros e que o número sete se acha em tudo, por ser o mais sagrado. Os mundos, no homem, são: *físico, astral, mental, intuicional, espiritual, monádico* e, por fim, *divino*. Para chegar a sentar-se no trono da Divindade, para merecer o título de Mestre verdadeiro, deve elevar-se por meio da verdadeira Santidade altruísta sobre seus sete mundos, representados pelos sete degraus erguidos acima do assoalho.

Em outras Lojas observam-se leves diferenças na disposição dos degraus. Por exemplo, a parte oriental do Templo se acha erguida sobre três degraus, relativamente ao assoalho da Loja, significando, assim, não se poder chegar ao mundo das causas, senão elevando-se por meio de abstração e da meditação às regiões superiores do pensamento onde se acham os princípios originários das coisas.

Nessa elevação sentam-se, respectivamente ao norte e ao sul, o Secretário e o Orador e, mais abaixo, o Hospitaleiro e o Tesoureiro, o Porta-estandarte e o Mestre de Cerimônias. Estes, com os dois Diáconos, os dois Expertos e o Guarda-templo, constituem os oficiais da Loja, que cooperam com os três Dignitários nas diferentes cerimônias, para a boa ordem e harmonia dos trabalhos.

Então o Venerável Mestre é aquele ser que, por seu próprio esforço em servir os demais, impessoalmente, eleva-se acima dos seus mundos, seus corpos, e senta-se no trono de sua própria divindade, representado pelo dossel ou estrado colocado sobre os sete degraus.

130. Acima do assento do Venerável M∴ assinala-se um Delta ou triângulo resplandescente, com o nome de Jehová em caracteres hebraicos e o Olho Divino no centro.

Todos esses símbolos encerram grandes mistérios no próprio homem. O Delta indica a trindade do Homem feito à imagem do Criador. Os três lados sintetizam o mistério da Unidade, da Dualidade e da Trindade, ou seja, o Mistério da Origem de todas as coisas e todos os seres.

O lado superior representa a unidade fundamental no homem ou o princípio do qual tudo teve nascimento. É a representação do Absoluto dentro e fora do homem. É a primeira frase que diz "no princípio" e em que existem todas as coisas. É o Pai, origem de toda criação.

Os dois ângulos inferiores são imagem da dualidade, representadas também pelas duas colunas ou duas pernas do homem e seus dois flancos: positivo e negativo no corpo.

Cada ângulo é um aspecto distinto da Unidade Primordial Originária.

O triângulo equilátero é o símbolo de Perfeição, Harmonia e Sabedoria; são o Pai, Filho e Espírito Santo, as três emanações, poderes, princípios. São o Criador, o Conservador e o Destruidor que n'Ele formam um só Ser.

131. Do Triângulo que forma o Delta propriamente dito, irradiam, nos três lados, grupos de raios que terminam em coroa de nuvens. Esses raios simbolizam a força expansiva do Ser Interno que, de um ponto central no homem, se estende e enche o espaço infinito. A coroa de nuvens indica a força cristalizada ou matéria — forma que se produz como reflexo natural da força interna e invisível, e se condensa com o movimento de contração.

No homem há duas correntes: negativa e positiva relacionadas e reguladas pelo ritmo que as une como ponto equilibrante.

132. As letras hebraicas formadoras do nome de Deus *Jehová* encerram, cabalisticamente, o mistério da criação por um triângulo. Em hebraico são quatro letras *I*, *Hé*, *O*, *Hé*. *I* equivale a dez, número do Criador. *Hé* é cinco, metade de dez, e representa a criação em si mesma. Unido o Criador com sua criação, ou 10 + 5, obtém-se 1 + 5 = 6 que é o O, e assim temos o mistério da trindade. O Pai, 10, emanou de si o filho, 5, o mundo e, da relação de 10 com 5 temos o Espírito Santo.

O homem como divindade emana e manifesta-se no

corpo físico de cuja união se expressa a vida. De maneira que I, H e O são três letras que representam o triângulo da trindade que se acha em toda religião e filosofia, sob diferentes nomes, representam o número três, em todo o seu significado. Enumeremos alguns. A mais simples trindade é: Pai, Mãe, Filho. Em egípcio: Osíris, Ísis, Hórus. Para os brâmanes: Nara, Nari, Viraj. Entre os caldeus: Anu, Nuah, Bel. No cristianismo, desaparece a mãe para dar lugar ao Espírito Santo, porém conserva o culto à *Mãe de Deus*.

Alquimicamente, o *enxofre*, o *sal* e o *mercúrio* são considerados princípios constitutivos do Universo. *Rijas, Tamas, Satwa*, ou *atividade, energia e ritmo* que correspondem à força centrífuga, à força centrípeta e à força equilibrante, ou *Brahma*, *Vishnu* e *Shiva* na trindade bramânica.

Todos esses nomes que encontramos na definição do Ser Supremo acham-se no homem, o *eu*, a consciência individual, a mente ou inteligência e a vontade que impele o desejo até a satisfação. Esses três princípios correspondem também aos três atributos de Deus e do Homem: *onipresença, onisciência* e *onipotência*.

Essa Trindade origina igualmente a distinção entre os três mundos: *exterior, interior* e *divino* ou transcendente, que correspondem às três partes do homem: espírito, alma, corpo.

As três colunas simbólicas que a Loja tem (distintas das duas que se acham no Ocidente e representam as duas partes ou pernas do homem como dois polos), representadas também pelas três luzes, constituem outra interessante trilogia: a sabedoria que corresponde ao Venerável Mestre, ou seja, a inteligência criadora que concebe e manifesta interiormente o plano do Grande Arquiteto; a força que corresponde ao primeiro vigilante é a força de vontade que trata de realizar o que a primeira concebe, e a beleza representada pelo segundo vigilante. Essas três faculdades acham-se dentro do mesmo homem.

133. Liberdade, Igualdade, Fraternidade, a primeira, representada pelo prumo, consiste na libertação da ignorância, do vício, do erro e das paixões que degradam e embrutecem o homem e o tornam escravo de seus desejos. A igualdade corresponde ao nível que nos ensina a unidade fundamental de todos os seres com os princípios da equidade e justiça. A fraternidade simbolizada pelo esquadro é a união dos dois princípios anteriores que nos fazem conceber que somos filhos de um único Pai e de uma só Mãe.

Só o Mestre pode praticar, efetivamente, a fraternidade, porque no grau de Aprendiz se fez livre e, no de Companheiro, se fez justo.

134. O olho no centro do triângulo é a representação do absoluto dentro e fora do homem. É a unidade que se fez três; é o símbolo do Único Princípio, é a Causa sem causa em seus três lados ou atributos primordiais, representados pelas três pontas do triângulo que também têm outras significações simbólicas a representar os três reinos da Natureza: o passado, o presente e o porvir — o nascimento, a vida e a morte — Deus, perfeição, transformação. Ao fundo do Oriente, de ambos os lados do dossel, no alto, destacam-se aos lados do Delta, a *luz* da realidade transcendente, as imagens dos dois grandes faróis do Universo: o Sol e a Lua. Os dois luminares visíveis que iluminam nossa Terra, são manifestação direta e reflexa da *luz* invisível. O Sol está à direita e a Lua, em seu quarto crescente, à esquerda do presidente.

135. Esses dois símbolos ensinam-nos a dualidade da manifestação. O Sol representa a mente Divina no homem, a qual corresponde ao cérebro direito, pai de toda ideia altruísta, ao passo que a Lua, em seu quarto crescente, figura o cérebro esquerdo, o intelecto, origem de todo egoísmo.

Os dois luminares e as duas colunas que se acham no Ocidente do templo, representam os dois princípios complementares, humanizados em nossos dois olhos. Na dualidade integram a raça humana e se refletem em todos os reinos da vida e da Natureza; correspondem aos dois princípios de Atividade e da Inércia, Energia e Matéria, Essência e Substância, Enxofre e Sal, e metafisicamente correspondem aos dois aspectos masculino e feminino da Divindade; ao Pai Mãe celeste de todas as religiões.

Todos esses símbolos se acham no mesmo corpo do homem, e sua materialização na Loja tem por objetivo obrigar o intelecto a concentrar-se e meditar dentro de si para adquirir o perfeito conhecimento de si mesmo.

136. Diante do trono e à conveniente distância há um pedestal ou ara, chamado altar dos juramentos.

O altar é um símbolo antiquíssimo em todas as religiões. Era destinado ao sacrifício de animais durante o ofício religioso. Os judeus sacrificavam touros e cabras, ato que nos parece bárbaro, porque a Bíblia diz terminantemente que Deus não deseja sacrifícios, senão um espírito humilde e coração arrependido, e que para Ele não são gratos os sacrifícios de sangue. Porém, parece que toda religião devia usar antigamente de alguma barbaridade. O homem antigo amava suas posses materiais e nada podia compreender do céu para ele aspirar, assim como atualmente, o homem dominado *pelos* desejos não pode nem tem tempo de pensar em ideais superiores.

Com os sacrifícios vivos, sentiam os antigos a perda de um animal cedido por um pecado cometido ou uma transgressão à lei, como hoje sentimos remorsos de consciência por nossas más ações.

Foi dito antes que, no altar, deveria arder permanentemente o fogo divino, ano após ano, com o mais zeloso cuidado. Esse fogo consumia o sacrifício que simbolizava a dor e a morte, causadas pelo pecado. O Tabernáculo no deserto era uma sombra de coisas maiores que haviam de vir, diz são Paulo.

137. Esse altar com seus sacrifícios e a queima das carnes deve estar no interior do místico. Nenhum altar externo pode ajudar-nos se não construirmos o tabernáculo e seu altar dentro de nossos próprios corações e nossas mesmas consciências. Cada homem deve converter-se em altar de sacrifício e ao mesmo tempo ser a hóstia ou oferenda que nele se oferece, e simboliza o animal que em tempos idos se sacrificava. Cada homem deve converter-se em sacerdote que degola o animal nele, sacrifica-o e queima-o. Certo é que a princípio a fumaça produz obscuridade e trevas e seu odor é nauseabundo, porém com o perpétuo sacrifício dos desejos e defeitos, virá o momento em que se dissipem as nuvens ante o olho espiritual e o fumo nauseabundo se transmute em fumo de incenso e o altar de sacrifício se transforme em altar de incenso. O incenso é o símbolo do serviço voluntário ou o aroma do serviço. Tinha o sacerdote mandamento expresso de nunca ofertar, no Altar de Ouro, incenso diferente, isto é, devia empregar sempre aquela sagrada composição.

138. O altar dos juramentos, diante do trono, tem, na Loja, forma triangular (embora tome outras formas segundo o rito). Essa forma representa os três altares no tabernáculo, símbolo da evolução: altar de bronze, ou do sacrifício, altar do incenso e o altar de ouro. São símbolos do homem antigo, do homem moderno e do homem futuro ou super-homem.

139. Sobre o primeiro estrado, junto à balaustrada, à direita e à esquerda do Ven. M.·., há dois bufês, um em frente do outro, para os irmãos Orador e Secretário.

O Orador na Loja representa o poder do verbo no homem. O objetivo do primeiro grau é desenvolver esse poder.

O Secretário representa, no homem, a memória que acumula, arquiva toda experiência recebida nos mundos do corpo.

140. Sobre o altar do Venerável coloca-se um candelabro com três velas acesas, uma espada, um macete chamado martelo e a carta ou patente constitutiva da Loja.

O candelabro com três velas acesas representa, no homem, as três luzes da Trindade. Deus é Luz, diz são João. Sabe-se que a Luz, que é Deus, está refratada nas três cores primárias pela atmosfera que rodeia a terra cujas cores são: azul, amarelo e vermelho. Assim como Deus é refratado em três atributos ou pessoas, assim também é o homem, sua imagem e semelhança.

O Raio do Pai é azul, o do Filho é amarelo e o do Espírito Santo, vermelho. Na Natureza vemos essas três cores com suas respectivas combinações. Assim como a luz do candelabro enche a Loja, deve ser a luz da Trindade posta dentro de nossos corações para que nos guie. A chama sagrada da Divindade interna deve morar em nossa própria consciência, no corpo, templo de Deus, e em nosso altar, o coração.

A Espada é o poder do verbo ou da verdade Intuitiva; é o poder da vontade educada. O Martelo simboliza a força da vontade no homem.

A Carta Constitutiva da Loja nos indica a sucessão da verdade no homem.

141. Sobre o altar dos juramentos põem-se o livro da lei (embora não seja isso em todos os ritos), um compasso e um esquadro entrelaçados.

O livro simboliza a Palavra Divina, o Verbo ou Verdade suprema, escrita em nosso coração, em nosso arquivo da memória; é a lei natural de que fala são Paulo. O compasso indica um ângulo cujos lados partem de um vértice, e quanto mais se alongam de sua origem, mais se separam. É a dualidade no homem, espírito e matéria. O ponto central da união corresponde ao Oriente, ou seja, ao mundo da verdade, da realidade, a fonte da criação que permanece eternamente e em estado de Unidade invisível. A parte oposta ao ponto é a irrealidade, a matéria, o Ocidente; é a mesma realidade dividida em dois princípios ou colunas distintas.

Então, o ponto central do compasso é a união do espírito do homem com o espírito Divino. É a Realidade que se manifestou em aparência. É o Ser que adquiriu forma. É o espírito que se vestiu de matéria.

Cabe agora ao homem-forma realizar por meio da iniciação, ir para dentro, ou progredir caminhando em sentido inverso, do Ocidente para o Oriente, espiritualizar sua matéria, ou seja, dos extremos do ângulo remontar à sua origem. O compasso representa igualmente a Divindade, o Espírito entrelaçado com a terra, a humanidade com a matéria. O superior une-se ao inferior. O Verbo faz-se carne.

142. O esquadro é o inverso do compasso.

Se o compasso representa o Espírito manifestado na matéria, no corpo, o esquadro cujo ponto central está embaixo e cujos ângulos se elevam para o céu, representa o homem inferior que, por ser dominado pelo superior, novamente se alça para sua origem, o céu.

O compasso é a intuição e o esquadro a razão; o compasso é a sabedoria interna e o esquadro é o conhecimento externo; porém, ambos são necessários ao homem no mundo físico.

Então, o esquadro e o compasso, abertos e entrelaçados sobre o livro da lei, ou Palavra Divina, são os instrumentos simbólicos que nos servem para interpretá-la e usá-la construtivamente.

143. Em ambos os lados Norte e Sul estão os assentos respectivamente dos Aprendizes, dos Companheiros e dos Mestres; os primeiros têm de colocar-se na região escura porque não podem suportar a luz plena do meio-dia onde se acham os Companheiros e os Mestres, respectivamente do lado do Ocidente e do Oriente. Trabalham proveitosamente, os primeiros ajudando os últimos.

144. No Ocidente se acha a porta de entrada na qual há um assento e uma espada flamejante para o Guardião interno.

Para compreender esse símbolo, temos de relembrar certos versículos do Capítulo 3 do Gênese:

Vers. 21. Fez também o Senhor Deus a Adão e sua mulher túnicas de peles e vestiu-os.
Vers. 22. E disse: "Eis que o homem é como um de nós, conhecendo o bem e o mal. Ora, pois, para que

não estenda sua mão, e tome também da árvore da vida e coma e viva eternamente".
Vers. 23. O Senhor Deus o lançou fora do jardim do Éden, para lavrar a terra de que fora tomado.
Vers. 24. E havendo lançado fora o homem, pôs querubins ao oriente do jardim do Éden, e uma espada inflamada, que andava ao redor para guardar o caminho da árvore da vida.

Antigamente o homem, no Paraíso, no estado edênico, representava a fase celestial da consciência impessoal, ou o estado de sua união com seu Pai Deus que mora no seu íntimo. O homem vivia na terra mas, como centrou sua atenção no mundo espiritual, naquele estado moral se mantinha, nem cuidava de sua missão terrestre. Então a Sabedoria Divina despertou nele a Serpente, o princípio negativo em sua mente, o qual gerou o desejo. Esse desejo deveria subministrar o motivo e poder para a completa expressão Divina na terra ou corpo.

Então o homem provou e comeu do fruto da chamada árvore do conhecimento do bem e do mal, e por ele obteve a experiência e discernimento convenientes, adquirindo assim o poder de servir-se do conhecimento. Por isso disse Deus: "Eis que o homem é como um de Nós", porque, ao comer pela primeira vez desse fruto aprendeu a conhecer o bem e o mal por experiência. Então conheceu o novo e atraente mundo físico, morreu para o conhecimento da verdade que está nele, sentiu-se desnudado da realidade e ficou medroso.

O desejo no mundo dos desejos era necessário para criar um corpo e desenvolver nele uma *consciência* de si mesmo com o fim de exprimir a personalidade. Encheu-se pouco a pouco de desejos, esperanças, ambições, aspirações e todas as várias manifestações do desejo, atributo das fases pessoais para poder expressar-se.

Nesse estado foi expulso do Paraíso, do Jardim do Éden, ou do estado edênico espiritual, e foi vestido com um *traje de peles*, ou, em outras palavras, com carne, tal qual os animais, para poder completar sua experiência, sua perfeição.

Devia ter um organismo apropriado ao estado em que se tinha de manifestar.

No impessoal, no estado edênico, não tinha necessidade dos sentidos, nem de possuir forma externa, porém, no estado terrestre foram precisos os cinco sentidos para a expressão e para compreender o que se expressava.

Desde que o homem teve seus desejos, começou a aumentar e multiplicar-se.

E assim, por *meio* do desejo, formaram-se todas as manifestações e as várias línguas da terra, pois todas são filhas do desejo, da mente humana, de expressar-se em termos terrestres, com infinitas frases. Porém, quanto mais luta a mente por exprimir com palavras a ideia Divina ou dar-lhe forma, maior o fracasso.

145. Enquanto morava o homem no Estado Impessoal chamado Jardim do Éden e antes de entrar em sua missão terrestre, crescia a árvore cujo fruto se chamava: conhecimento do bem e do mal.

Nesse estado careciam-lhe os desejos porque não provara desse fruto. Porém, uma vez que cedeu ao desejo e comeu do fruto do desejo, teve de sair do Paraíso e caiu no chamado pecado *original*. Ao sair do Éden espiritual e entrar no mundo material, achava-se rodeado de novas e estranhas condições, porque, em vez de ter domínio sobre os reinos inferiores que lhe subministravam o de quanto necessitava, teve de arar a terra e lavrá-la para ganhar o pão com o suor de sua fronte.

Essa queda e saída de seu estado impessoal o entregaram completamente à fascinação. Ficou somente o desejo como guia único. Tornou-se o homem incapaz de ver a realidade ou a alma das coisas, porque havia adotado um corpo físico com cérebro humano, o qual, estando influenciado pelo desejo, atuou como véu para sua consciência Divina. Obscureceu sua vista e sua mente, de modo que a luz da verdade não pôde penetrar e chegar até ele e, por isso, foi tudo falsamente colorido por seu entendimento mental.

O véu que cobre a realidade, a luz interna foi chamado pelos ocultistas e maçons de o corpo de desejos, corpo astral, guardião do umbral, fantasma do umbral e outros vários nomes. Ele impede que o intelecto entre no santuário ou Loja, espantando-o com a espada flamejante, de luz e fogo, da verdade. Porém não devemos adiantar-nos em decifrar o Simbolismo antes de terminar a explicação do Gênese.

O homem, ao ver todas as coisas obscurecidas pelo desejo, e que essa obscuridade o conduzia ao erro, ao sofrimento, à dor, sentiu despertar-lhe uma nostalgia ao seu estado edênico. Porque sua mente o enganava a todo o momento, visto ser como uma lente imperfeita que deslocava e alterava tudo; a luz da verdade era para ele uma neblina ou uma miragem.

O intelecto formou o corpo de desejos que interpreta e representa falsamente, à consciência, toda imagem, ideia, impulso inspirado pelo EU SOU interno e atraía de fora todas as impressões.

E quando essas falsas impressões, inspiradas pelo desejo, causaram muitas quedas, transtornos e sofrimentos, o homem perdeu gradualmente a confiança em si mesmo — em seu *Eu Sou* interno — e começou a buscar algum amparo e a centrar suas esperanças em algum Mestre ou santo que o livrasse de seus sofrimentos.

Esses desgostos, erros e amarguras foram chamados : *Mal*.

Porém, quando o desejo não causa nenhum sofrimento, chama-se: *Bem*.

Experiências más e boas não passam de incidentes criados pelo desejo para despertar no homem certas faculdades que lhe permitirão reconhecer a Verdade que está nele e dentro dele.

O mal não é mais que o aspeto negativo do *fruto* do desejo que fascina a vista física, e pela doçura do primeiro bocado que incita à saciedade produz efeitos daninhos que se manifestavam e convertiam em maldição acarretando uma desilusão final. Nesse estado, fica o homem envergonhado e humilhado ao verdadeiro ser dentro de si, mediante a nova consciência assim despertada. Então, começará o homem a pensar como filho pródigo, em regressar a seu Pai e pedir-lhe perdão; a entrar novamente em seu interior; a ser admitido como neófito na Loja, cujo símbolo, como dissemos antes, é o Paraíso, o estado edênico, estado espiritual, o templo de Deus, o coração, o Reino do céu.

146. Durante eras, o intelecto vivia do fruto da chamada árvore do conhecimento; durante eras, o homem externo sofria e gozava pelas consequências que nele causavam seus frutos chamados, em termos relativos, Bem e Mal, conforme os diferentes pontos de observação; porém, na realidade, não são mais que aspectos externos de uma verdade interna e central.

Então a consciência, purificada pelo fogo de inúmeros sofrimentos e dores, ano após ano, vida após vida, século após século, começou a despertar, a ver e compreender que se havia afastado muito do Pai interno, do centro da vida, simbolizado fisicamente pela Loja. Cansado e amargurado com a separação da Única Realidade Interna, anseia pela volta ao lar paterno, desnuda-se como o neófito da vestimenta exterior e de tudo o que possa distraí-lo no mundo físico; apresenta-se, cego de ignorância, ante o Templo para novamente recuperar, por meio da iniciação interna, seu posto perdido.

Mas, para obter e recuperar o posto perdido, por causa de seus desejos, tem de vencer muitas dificuldades; entre elas, o Querubim com a espada que deita chamas, o fantasma do Umbral, o Guardião do Templo, o corpo de desejos. Todos esses nomes designam a consciência, aquele atributo no homem que desempenha papel de Juiz e fiscal ao mesmo tempo. Aquele severo juiz interno, cuja sentença não admite apelação alguma, que afasta do paraíso, do estado edênico, o intelecto e os sentidos impregnados pelos maus desejos. Esse guardião do Templo Interno não permite a entrada senão àqueles que sofreram a morte iniciática, despojando-se de todo desejo e sentido externo para livrar o espírito das cadeias terrestres.

147. Aos dois lados da porta, uns três passos para frente, levantam-se duas colunas isoladas, de ordem coríntia, cujos capitéis estão coroados por três romãs entreabertas, distinguindo-se cada uma das citadas colunas com um nome misterioso, cujas iniciais (J∴ e B∴) estão esculpidas na haste.

Essas duas colunas do Templo da Sabedoria, que é o homem, são o símbolo do aspecto dual de toda nossa experiência no mundo terrestre. É a dualidade de nossos órgãos. São os dois lados, direito e esquerdo, de nosso corpo, são os dois sexos, os dois princípios positivo e negativo que integram o homem; são, por fim, Atividade, Inércia — Espírito, Matéria, Essência, Substância — Enxofre e Sal representados na câmara de reflexões.

O aspecto dual do Universo e do mesmo Primeiro Princípio que o origina encontra-se nas duas colunas ao Ocidente, para ingresso do Templo Místico é necessário que esse aspecto seja superado.

Ao Oriente, as duas colunas, representadas pelo Sol e pela Lua, unificam-se no Delta, como vimos anteriormente.

O que chama a atenção em certas Lojas e ritos é a variada colocação dessas duas colunas; ao passo que uns colocam a coluna J∴ à direita, outros a situam à esquerda e vice-versa.

Apesar de nosso profundo respeito às ideias alheias, não podemos calar-nos neste particular.

Vimos que as duas colunas representam os dois princípios: positivo ou ativo, e negativo ou passivo; porém, qual é o lado positivo e qual o lado negativo no homem? Todo ocultista sabe que o direito é o positivo e esquerdo o negativo. As mesmas iniciais J∴ e B∴ indicam claramente, na cabala, os dois princípios. J (três pontos em triângulo) tem o mesmo valor que Yod; simboliza o homem, o positivo, o ativo, ao passo que B∴ é a mulher, o agente negativo, o passivo. Deduz-se disso que a coluna J∴ deve sempre estar à direita do recipiendário e B∴ à esquerda.

148. Junto a essas colunas, no extremo ocidental dos lados do Norte e do Sul do tempo, colocam-se, num pequeno estrado, o bufê e o sítio dos Vigilantes com um encaixe.

A situação dos Vigilantes varia conforme os Ritos. No Rito francês, o Primeiro Vigilante coloca-se junto à coluna B∴ e o Segundo Vigilante junto à coluna J∴, ao passo que no Rito escocês, o Primeiro Vigilante tem seu assento junto à coluna J∴ e o Segundo Vigilante em muitos templos se coloca em frente do primeiro, junto à coluna B∴

Os dois vigilantes do Templo, ou do corpo, como já dissemos em outra parte, representam com o Venerável os três atributos da Divindade: Onisciência, Onipotência e Onipresença. São as três grandes colunas que sustentam a Loja (distintas das duas que se encontram no Ocidente), ou os três atributos e poderes que sustentam o corpo humano: Sabedoria, Firmeza e Beleza. Então os dois Vigilantes são os dois ângulos do Triângulo que forma o corpo humano. O Ven∴ M∴ O Prim∴ e o Seg∴ o Vig∴ sentam-se respectivamente ao Oriente, ao Ocidente e ao Meio-Dia, quer dizer, onde se manifestam, respectivamente, as três qualidades.

149. De ambos os lados, no corpo do Templo, do Oriente ao Ocidente, há uma ou mais filas de assentos, a que se dá o nome de *colunas*. Os assentos da esquerda formam a coluna Norte destinada aos Aprendizes, os assentos da direita formam a coluna do Sul ou Meio-dia, se destinam aos Companheiros, e em qualquer uma delas se sentam os Mestres.

Em outra ocasião se disse que o lado esquerdo e o cérebro esquerdo constituem a parte negativa no corpo humano. É no cérebro esquerdo que se alojam as ideias negativas e os átomos do *mal* em luta com o que chamamos *bem*. A trilogia do *corpo* encerra ambos os princípios, e os átomos negativos representam os Aprendizes que têm de sentar-se na região menos iluminada pelo Sol, por serem incapazes de afrontar a plena luz do Meio-Dia.

150. No extremo oriental da coluna do Meio-Dia se acha o bufê do Tesoureiro e, em frente a este, do lado oposto correspondente à coluna Norte tem seu lugar o Hospitaleiro. O Tesoureiro representa no homem o que o ocultista chama Corpo Causal, átomo semente, memória que reúne o fruto da ação, ao passo que o Hospitaleiro é aquela faculdade do homem que representa a fraternidade e a caridade.

O altar do Venerável Presidente e os bufês dos Vigilantes e, em muitas Lojas também, o dos demais Oficiais, acham-se cobertos com ricos e felpudos tapetes e veludo, iguais ao dossel, coroado e guarnecido de estrelas e passamanaria (*tecidos, geralmente de seda, com franjas e borlas*) de ouro e prata, conforme a cor do rito.

151. A iluminação dos templos costuma ser esplêndida, sem que se possa, nesse ponto, fixar-se regra alguma. O ritual prescreve que, em todo tempo, três luzes devem salientar-se obrigatoriamente, colocadas, uma a leste das grades do Oriente; a segunda junto ao primeiro Vigilante e a terceira ao sul. Em geral, essas luzes montadas em trípodes ou candelabros costumam agrupar-se junto ao altar dos juramentos. No centro da Loja, sobre o pavimento de mosaico, deve haver um quadro que contenha o traçado gráfico da Loja. Esse quadro pintado em tela distende-se no momento de abrirem-se os trabalhos e retira-se mal terminem estes.

Esse quadro é o símbolo do nosso corpo e representa, graficamente, para ajudar-lhe a compreensão, os mistérios que em nós se encerram. O quadro representa:

1º Os sete degraus do Templo e o pavimento de mosaico.

2º As duas colunas da Ordem com o monograma de seu nome J∴ e B∴ e, entre elas, à altura dos capitéis (*pilastras esculturadas*), um compasso aberto com as pontas para cima.

3º Sobre a coluna J∴ o prumo e, sobre a coluna B∴, o nível. O prumo representa o progresso individual de baixo para cima, e o nível representa a linha reta, que é a ininterrupta entre os dois infinitos, isto é, que os pensamentos, aspirações e ações do homem devem ser modelados sobre uma linha reta, em sentido oposto à gravidade das tendências inferiores.

4º À esquerda da coluna J∴, a pedra tosca, bruta, símbolo do corpo material do homem que não obteve nenhum conhecimento; à direita da coluna B∴, a pedra cúbico-piramidal ou pontiaguda, que representa o homem perfeito ou aquele que trabalha na perfeição de si mesmo. Entre ambas as colunas, a porta do templo.

5º Ao pé do quadro, uma pedra de escrever (lousa) e na parte superior um esquadro, no centro, com a imagem do Sol à direita e a Lua em quarto crescente, à esquerda.

6º Três janelas, uma ao Ocidente, outra ao Oriente e a terceira ao Sul. Em outras Lojas, o templo não tem janelas; isso exprime que não recebe luz do exterior, mas só do interior. Por essa razão tem de enclausurar-se hermeticamente para o mundo profano, e sua porta se acha constantemente vigiada pelo Guardião, armado de espada, símbolo da vigilância que devemos exercer sempre sobre nossos pensamentos, palavras e ações para deles fazer uso construtivo e continuamente progredir no caminho da Verdade e da Virtude.

7º No fundo, o céu pontilhado de estrelas. Todo o quadro está guarnecido pelo cordão que prescrevem os rituais. Todos esses símbolos foram anteriormente explicados.

INICIAÇÃO NO PRIMEIRO GRAU

152. O leitor não deve esquecer o significado íntimo e o valor de cada um dos símbolos que encontramos no templo maçônico e na sua estreita relação com o corpo físico e o homem, geralmente. Por meio desse estudo, veremos como as características fundamentais da maçonaria expressas no simbolismo e na cerimônia da recepção no primeiro grau de Aprendiz não são mais que uma cópia fiel e exata do que sucede invisivelmente no misterioso ser chamado *Homem*.

SIGNIFICADO DA INICIAÇÃO

153. Em outro lugar se disse que a palavra *iniciação* se deriva do latim *Iniciare* e tem a mesma etimologia de *initium*, início, começo, ou vindo ambas de *in-ire*, ir para dentro ou ingredir (*ingressar, entrar*). Então, a palavra *Iniciação* tem o duplo sentido de *começar* ou *ir para dentro*. Em outras palavras: *iniciação* é o esforço que realiza o homem para novamente ingredir, para ir para dentro de si mesmo, em busca das verdades eternas que nunca saíram à luz do mundo externo.

Iniciação é equivalente a religião, de *re-ligare*, ligar novamente. É a volta do filho pródigo ao seio de seu Pai, depois de haver errado longo tempo no mundo material, sofrendo misérias e fomes.

O iniciado é o ser que conheceu seu erro e voltou a ingressar ao interior de sua casa paterna, ao passo que o profano fica fora do templo da Sabedoria, longe do real conhecimento da verdade e da virtude e dedicado à satisfação de seus sentidos externos.

Assim, portanto, esse *ingresso* (*Iniciação*) não é, nem pode considerar-se unicamente como material, nem é a aceitação de uma determinada associação, mas o ingresso a um novo estado de consciência, a um modo de ser interior, do qual a vida exterior é efeito e consequência. É o renascimento indicado pelo Evangelho; é a transmutação do íntimo estado do homem para efetivamente iniciar-se ou ingressar na vida nova que caracteriza o *Iniciado*, e não, como o supõe muitos, poderem chamar-se Iniciados desde o momento em que começa sua Iniciação. A Iniciação é o renascimento iniciático, ou seja, a negação de vícios, erros e ilusões que constituem os metais grosseiros ou qualidades inferiores da personalidade para a afirmação da Verdade, da Virtude e da Realidade que constitui o ouro puro da Individualidade, a perfeição do Espírito que em nós se expressa através de nossos ideais elevados. Todo homem de boa vontade, bom e santo, é o verdadeiro Iniciado, sem ter necessidade de pertencer a uma Ordem externa, visto ser membro da *Fraternidade Branca Subjetiva*.

A CÂMARA DE REFLEXÕES

154. Toda Loja deve ter um local especial chamado *câmara de reflexões*.

Todo homem, ao fechar os olhos, se acha em sua câmara de reflexão, com asilo e trevas, a qual representa o período das trevas da matéria física que rodeia a alma para completa maturação sua.

A câmara escura da reflexão é o símbolo do estado de consciência do profano que anda nas trevas e, por isso, nela se encontram os emblemas da morte e uma lâmpada sepulcral.

Nesse local, pintado de preto, representando catacumba, cercado dos símbolos de destruição e de morte, coloca-se um tamborete e uma mesa coberta com tapete branco, sobre o qual há uma caveira (morte), algumas migalhas de pão (insignificância que procuram obter os cinco sentidos), um prato de cinza (o fim da matéria), um relógio d'água, (o corredor do tempo que tudo envolve); um galo (o dever de ser vigilante e alerta); um tinteiro, penas e algumas folhas de papel para escrever seu testamento, cujo significado será dito noutro lugar. O recinto acha-se iluminado pela débil luz que expande a lâmpada sepulcral (lâmpada dos conhecimentos físicos adquiridos pela mente carnal); num dos ângulos vê-se um ataúde junto a uma fossa aberta, ou um hipogeu (*túnel subterrâneo para sepultamento*) também aberto numa das paredes, deixando ver um cadáver amortalhado (como deve o iniciado contemplar seu corpo físico). A câmara de reflexões significa aquela crise, aquela luta entre o corpo de seus desejos com o espírito e seus ideais; essa negra e escura câmara é o mesmo corpo que serve de prisão, de tumba e ataúde ao verdadeiro Ser Interior. Por esse motivo, perto dos emblemas da morte se acham também certas inscrições nas paredes, cujo objetivo é levantar as energias e desenvolver a vontade do neófito.

155. Ao ingressar nessa câmara, tem o candidato de despojar-se dos metais, tem de voltar ao seu estado de pobreza edênica, a nudez adâmica antes de cobrir-se com a pele de todas aquelas aquisições que até então lhe foram úteis para chegar a seu estado atual e que são obstáculos para tornar ao seu primitivo estado. Deve afastar todo desejo, ambição, cobiça dos valores externos para conhecer-se a si mesmo; então, em seu interior, achará os verdadeiros valores espirituais. Dinheiro, bens, ciências são vaidades ante o conhecimento de si mesmo.

O candidato deve estar livre e despojado dos metais: qualidades inferiores, vícios, paixões do seu intelecto, de suas crenças e preconceitos; deve aprender a pensar por si mesmo e não seguir, como cego, o conhecimento e crenças dos outros. Por último, a câmara de reflexão significa o isolamento do mundo exterior para poder concentrar-se no estado íntimo, no mundo interior aonde devem ser dirigidos nossos esforços para chegar à Realidade. É o *Conhece-te a ti mesmo* dos iniciados gregos. É a fórmula hermética que diz: "Visita o interior da terra; retificando encontrarás a pedra escondida". Quer dizer: desce às profundezas do ser e encontrarás a pedra filosofal que constitui o segredo dos sábios.

156. Assim como os ossos e imagens da morte que se acham nas paredes da câmara indicam a morte simbólica do neófito para renascer no mundo do espírito e indica a morte aparente da verdade no mundo externo; assim também as inscrições que revestem as paredes do quarto indicam os conselhos do Ser interno que têm por mira guiar o homem à verdade e ao poder. Essas inscrições são várias. Citaremos algumas:

"Se te traz aqui a mera curiosidade, vai-te".
"Se prestas homenagem às distinções humanas, vai-te, porque aqui não se conhecem".
"Se temes que te lance em rosto alguém os teus defeitos, não prossigas".
"Espera e crê... Porque entrever e compreender o infinito, é caminhar para a perfeição".
"Ama os bons; compadece-te dos maus e ajuda-os; foge dos embusteiros e a ninguém ouças".

"O homem mais perfeito é aquele que é mais útil a seus irmãos".
"Não julgues levianamente as ações dos homens; elogia pouco, adula menos. Não censures nem critiques nunca".
"Lê e aproveita; olha e imita; reflete e trabalha; procura ser útil a teus irmãos e trabalharás para ti mesmo".
"Pensa sempre que do pó saíste e em pó te converterás".
"Nasceste para morrer" etc etc.

Todos esses conselhos na câmara de reflexões e as demais figuras fúnebres nos mostram que dentro do homem se acham a morte e a vida, a dor e a ventura, o engano e a iluminação. Se os cinco sentidos oferecem a morte, o espírito dá a vida eterna.

O GRÃO DE TRIGO

157. O candidato à perfeição tem de passar por quatro provas, a saber: a da terra, a da água, a do ar e a do fogo. Isto quer dizer que deve triunfar dos quatro corpos ou quatro elementos que compõem seu ser físico para poder chegar à Divindade. A seu devido tempo serão explicados.

A câmara de reflexões é a prova da terra. Entre os objetos que se encontram naquela câmara está o grão de trigo.

O iniciado é simbolizado no grão de trigo atirado e sepultado no chão, para que germine e abra, com o próprio esforço, seu caminho para a luz. O espírito nele está sepultado como o grão de trigo; o *Eu Sou* está preso no corpo e está esperando despertar e manifestar-se à luz do Dia do Senhor. Assim como a semente germina ao ser atirada à terra, depois de uma morte aparente, assim no homem, comparado à terra, se acha latente o Espírito divino à espera da manifestação perfeita. A semente permanece um tempo no seio da terra para germinar. O homem deve aprender do grão de trigo a concentrar-se no silêncio de alma, isolando-se de todas as influências exteriores, e morrer para seus defeitos e imperfeições a fim de germinar e manifestar-se para a nova vida.

O PÃO E A ÁGUA

158. Esses se acham na mesa da câmara e são continuação do símbolo anterior. Assim como o lavrador semeia, rega, limpa, colhe, mói, amassa para do trigo fazer pão, assim deve o iniciado imitar esse exemplo em seu próprio corpo: deve educá-lo, limpá-lo, formá-lo e apresentá-lo como pão do sacrifício e dizer como o Divino Mestre:
"Este é meu corpo; comei-o".

O SAL E O ENXOFRE

159. Outros dois elementos se acham na câmara de reflexão: dois saleiros, respectivamente com sal e enxofre.
Já se disse antes que o enxofre é o símbolo da energia

ativa, o princípio criador. O sal mostra a energia passiva, feminina ou maternidade. Esses dois princípios correspondem às duas colunas, aos dois polos do corpo humano, aos dois primeiros graus da maçonaria. Sal e enxofre são as duas polaridades no indivíduo: espiritual e material; expansão e gravidade. O candidato deve encontrar o equilíbrio, um equilíbrio muito diferente do que prevalece no mundo profano; é um equilíbrio entre o esforço e a vigilância no mundo interno do Espírito para poder manifestá-lo no externo. O esforço vigilante e a firmeza perseverante são as duas qualidades de que precisa o futuro iniciado. Esse símbolo também se completa com a figura do galo e da clepsidra ou relógio d'água. Representam a Vida do Espírito que domina o tempo e a destruição de toda forma exterior.

O TESTAMENTO

160. Na câmara de reflexão o candidato deve fazer seu testamento. Esse testamento difere do testamento profano em que este último é uma preparação para a morte eterna ao passo que o primeiro é a preparação para a vida nova, porque a morte já não é fim para o iniciado senão princípio de vida, sendo executor o próprio iniciado. O que deve morrer para suas paixões e desejos baixos, faz testamento como o morto profano e, ao morrer para suas paixões físicas, renasce para a vida nova onde deve cumprir seus deveres para com Deus, para consigo mesmo e para com seus semelhantes: três perguntas que se acham no testamento.

PREPARAÇÃO

161. Antes de ser admitido no Templo interior, representado pelo Templo exterior na câmara de reflexões, na solidão da consciência, prepara-se o candidato desta maneira: vendam-lhe os olhos, põe-se uma corda em seu pescoço e se descobre o seu peito do lado esquerdo, joelho direito e pé esquerdo.

A venda é o estado de ignorância ou cegueira no mundo profano e no corpo físico, cegueira dos sentidos.

A corda é o estado de escravidão às paixões; lembra-nos também o cordão umbilical do feto no ventre materno, um ser sem individualidade. A nudez do coração figura a de todo preconceito, ódio, convencionalismo, que impedem a manifestação sincera dos sentimentos. A nudez do joelho direito simboliza a vanglória, o orgulho intelectual que impede a genuflexão ou inclinação do joelho ante o altar da *Verdade*. A nudez do pé esquerdo é a marcha na senda, a marcha para o templo, para bater à sua porta em busca de luz e Verdade.

A PORTA DO TEMPLO

162. A porta é o símbolo do passo ou ingresso. A porta do Templo é a primeira estância na iniciação interna.

Para aprender os mistérios do espírito, importa penetrar no templo interior onde estão ocultos os tesouros.

O neófito bate à porta do Templo três vezes e de maneira desordenada; quer entrar, porém não sabe como; é inexperiente, embora o templo interior esteja sempre aberto para os que buscam a verdade e pedem luz.

O Cristo está esperando ao que bate à porta do Templo para abrir.

Entrar no Templo com os olhos vendados indica-nos que no Templo da sabedoria não nos podem servir os sentidos e que a luz do saber interno é sentida e não vista.

O guia que conduz o neófito ao Templo representa o guia interno, que conduz individualmente todo ser que anseia por ir no caminho da verdade e sem o qual ao candidato seria impossível preencher devidamente as condições que se lhe pedem para sua iniciação.

É o guia que responde às perguntas dirigidas do interior do Templo.

"Quem é o temerário que se atreve a perturbar nossos pacíficos trabalhos e tenta forçar a porta do templo ou o *Portal* do *Homem*?" Resposta: "É um profano desejoso de conhecer a luz verdadeira da Maçonaria e que humildemente a solicita, por haver nascido livre e ser de bons costumes".

163. O significado iniciático dessa resposta é de fundamental importância. Ninguém pode entrar no Templo da sabedoria se não tem firme desejo de conhecer a Verdade. Tem de solicitar ingresso com humildade, convencido de sua ignorância e fraqueza; deve estar livre de todo preconceito filosófico, religioso e social porque o orgulhoso de seu saber humano e intelectual nunca pode ser admitido no templo interno. Por fim deve ser de bons costumes porque os maus costumes são intransponíveis barreiras para o progresso espiritual.

A ponta da espada apoiada no coração é o símbolo do Poder do Verbo e da Verdade Intuitiva que se manifesta no íntimo do nosso ser, e se os olhos não podem ver, não obstante o sentimento da verdade sempre existe. Significa também que, se o candidato entra no Templo do Saber por curiosidade ou para aquisição de poderes, a espada ofuscante da verdade o aniquilará.

INTERROGATÓRIO DO CANDIDATO

164. O interrogatório do candidato, ao ingressar no Templo, é o exame de suas meditações na câmara de reflexões.

Quais são os deveres para com Deus, para consigo mesmo, para com a humanidade?

Quais são as suas ideias sobre o vício e a virtude?

Essas perguntas são a explicação do que respondeu o guia pelo candidato. O vício é a escravidão, a cadeia que impede o homem e, sendo escravo de seu vício, *não pode ser livre nem de bons costumes*; então deve tornar-se virtuoso.

A virtude de *vir*, de *Viril*: força, virilidade, poder no

sentido moral que por meio de seus esforços pessoais domina os vícios ou debilidades.

O verdadeiro maçom é aquele que estabelece o domínio do Superior sobre o inferior. Esse é o programa de todo iniciado na Verdade e na Virtude.

A PRIMEIRA VIAGEM

165. A viagem significa o esforço que faz um homem para adquirir seu objetivo.

Na cerimônia do primeiro grau deve o candidato realizar três viagens: a primeira está cheia de dificuldades e apresenta-se com muitos perigos e rumores. Representa a prova da água ou domínio do corpo de desejos ou sua purificação. O guia ou Cristo interior ensina-lhe o bom e o verdadeiro e o candidato deve ser dócil a suas insinuações e instruções. A direção dessa viagem é de Ocidente para Oriente pelo lado do Norte. O Ocidente é o mundo sensível e material; é a parte inferior do corpo humano onde residem os fenômenos objetivos do universo. A Verdadeira Luz nele se acha posta como quando se põe o Sol. Acha-se velada, como Ísis, e o Iniciado deve desvelá-la por seus esforços.

A realidade e a Luz nascem no Oriente ou cabeça do homem. É ali que brilha com todo esplendor.

A viagem começa do Ocidente ou seja, do seu conhecimento objetivo da realidade exterior. O homem se encaminha pela obscura noite do Norte em busca da *Verda-*

deira Luz no Oriente. Não devem assustá-lo a escuridão nem as dificuldades que se encontram em seu caminho para chegar à *Luz*. Uma vez chegado ao Oriente, mundo da luz, não deve deter-se ali; ao contrário, deve voltar ao Ocidente com a consciência iluminada que lhe permita encarar, com mais serenidade, as dificuldades e preconceitos do mundo, que já não têm poder de desviá-lo do caminho porque purificou seu corpo de desejos e dominou suas paixões com o reconhecimento da verdade. Também tem outro significado: uma vez que o candidato se acha iluminado, não deve guardar sua iluminação para si; deve instruir e iluminar os demais que se encontram ainda no Ocidente ou mundo material.

A SEGUNDA VIAGEM

166. Já se disse que a câmara de reflexões representa a prova da terra ou o domínio do mundo físico. A primeira viagem é o domínio do mundo de desejos; a segunda representa o triunfo sobre o corpo mental ou mundo mental.

Esta segunda viagem é mais fácil que a primeira; já não há obstáculos violentos. O esforço feito na primeira nos ensinou como superar as dificuldades que se encontram no caminho da evolução, uma vez dominados nossos desejos.

O choque de espadas que se ouve durante essa viagem é o emblema das lutas que se travam em redor do iniciado. É a luta individual consigo mesmo para dominar sua mente elaboradora dos pensamentos negativos. É o segundo esforço para regrar a vida em harmonia com os Ideais elevados. É o batismo do ar praticado pelas escolas; é a negação do negativo; é a preparação para receber o *Batismo de Fogo* ou do *Espírito Santo*, ou seja, a afirmação no positivo.

O Batismo do Ar, objetivo da segunda viagem, é a purificação da mente e da imaginação de seus erros e defeitos.

A TERCEIRA VIAGEM

167. A terceira viagem representa o Batismo do Fogo e realiza-se no entanto com mais facilidade que os precedentes, pois desaparecidos os obstáculos e ruídos, só se ouve uma música profunda e harmoniosa.

Dominando e purificando a parte negativa de sua natureza causadora de dificuldades, familiariza-se o iniciado com a energia do fogo, quer dizer, chega a ser consciente do Poder Infinito do Espírito que se acha em si mesmo. É a *descida do Espírito Santo em línguas de fogo*, que depura todo traço de erros que dominavam a alma.

É a prática do fogo nas antigas iniciações, o elemento mais sutil, de que nascem todas as coisas e em que todas se dissolvem. É o domínio do mundo do *Espírito de vida*, cujas fronteiras tocam o mundo *Divino*.

A descida do Espírito sobre o iniciado com seu fogo, faz desaparecer as trevas dos sentidos e com ela toda a dúvida e vacilação, dando-lhe essa *Serenidade Imperturbável* em que a alma descansa para sempre ao abrigo de todas as influências, tempestades e lutas externas.

Esse fogo é a essência do *Amor infinito, impessoal,* livre de todo desejo, impulso pessoal que dá poder ao *Iniciado* de operar milagres porque nele se converte em *Fé Iluminada* e em *força ilimitada* por haver ele vingado todos os limites da ilusão.

O CÁLICE DA AMARGURA

168. Dominados os quatro elementos ou quatro mundos, deve o iniciado apurar o cálice da amargura. Esse símbolo dá muito que pensar. Muitos iludidos creem ser a ciência espiritual método simples e fácil; e acorrem para adquirir poderes, riquezas e comodidades, e jamais pensam, nem lhes disse alguém que, por trás dessas provas, os espera o vago *cálice da amargura*, ao enfrentar-nos com as desilusões de nossos projetos e aspirações. Até o próprio Jesus, ao sentir esse estado nebuloso das coisas, clamou: "Pai! Se é possível afasta de mim este cálice".

Mas, o cálice não pode afastar-se; deve, ao contrário, ser tragado até a última gota. O iniciado deve seguir os passos de Cristo, carregar nos ombros todas as amarguras dos demais, suportar a ignorância, o fanatismo e a ingratidão de todos. Deve levar esse cálice aos lábios, serenamente, e sorvê-lo como se fosse a mais doce e confortável das bebidas. Então, realiza-se o milagre; a amargura, em sua boca, se converte em doçura na boca dos homens, e a Verdade triunfa sobre as ilusões dos sentidos.

O SANGUE

169. Uma das provas a que submetem o candidato é a sangria. É-lhe dito que deve assinar um juramento com o próprio sangue, isto é, subscrever com ele o pacto. Os herméticos sabem muito bem que o sangue é a sede do *Eu*, ou do *Ego*, é a expressão da vida Individual. Enquanto circula o sangue no organismo, há vida; mas, quando se coagula, vem a morte.

Firmar o juramento com sangue significa aderir à Causa Sagrada, eternamente, de modo que esse pacto, assinado com o sangue, não pode quebrar-se nem com a morte. Por isso, nenhum iniciado pode voltar atrás, e aquele que *põe a mão no arado não pode voltar a vista para trás* se não quer converter-se em estátua de *sal*, como a mulher de *Loth*.

Não nos é possível revelar mais a fundo este mistério, porque as consequências serão muito dolorosas para nós e para as pessoas que chegarem a compreendê-lo. Só podemos dizer que o autor do juramento assinado com seu sangue não pode ser nem deixar de ser iniciado à vontade, senão que o será para sempre, e aquele que supõe poder cessar de considerar-se tal, é porque *jamais o foi*. Quando Cristo derramou seu amor por meio do sangue, firmou conosco o pacto de sangue até a consumação dos séculos.

Ele mesmo nos ensinou que não devemos jurar nem pelo *céu* nem pela terra, porque sabia o efeito do juramento.

O FOGO

170. Outro símbolo semelhante ao do sangue é o fogo. Convidam o candidato a permitir que se lhe faça alegoricamente com o *Fogo*, no peito ou em outra parte, a impressão de um selo, pelo qual se reconhecem os maçons.

Esse selo (*que nunca se aplicou materialmente na maçonaria, mas que foi aplicado antigamente*) grava-se com o fogo da Fé no coração do iniciado; a fé é o único selo pelo qual os maçons se reconhecem entre si. É a fé que acende o ardor do entusiasmo para atuar em harmonia com o *Plano do Grande Arquiteto* e cooperar conscientemente.

O AUXÍLIO NA CADEIA DE UNIÃO

171. Finalmente e para dar prova de seu altruísmo, convida-se o candidato a ingressar na cadeia de união mediante uma oferta voluntária, para ajudar os necessitados. Antigamente dava ele tudo aos outros e tal cena se repetiu no tempo de Cristo, quando lhe perguntou aquele rico: "Mestre! Que farei para ser perfeito?" E o Mestre respondeu-lhe: "Vende teus bens e reparte-os com os pobres".

O JURAMENTO

172. O juramento é a obrigação que deve prestar o candidato ante a ara (seu coração, altar de *Deus*). Vai com os olhos vendados (que não podem ainda ver a luz): ajoelha-se sobre o joelho esquerdo (não somente sinal de respeito e devoção, como ainda, em tal postura ele se põe em contato com as correntes terrestres que tendem a subir até as que baixem de cima; o candidato forma o ponto de união entre as duas): o joelho direito em forma de esquadro (símbolo da fixidez, estabilidade e firmeza, objetivos do juramento) é a preparação para libertar-se (veja o significado do esquadro em páginas anteriores). A mão direita sobre a Bíblia (verdade revelada); na esquerda um compasso cujas pontas apoiam no peito, símbolo do reconhecimento pleno da harmonia (ver a explicação do compasso).

Presta-se o juramento em presença do *Grande Arquiteto do Universo* e dos irmãos reunidos na Loja. A presença do *Grande Arquiteto* no homem é a primeira condição que deve compreender o candidato; os irmãos que formam, com suas espadas, uma abóbada sobre sua cabeça, sem que ele os possa ver com os olhos físicos, são o símbolo dos protetores invisíveis que se acham no interior e no exterior, que nos vigiam constantemente e nos protegem sem que percebamos sua existência.

Presta-se esse juramento livre e espontaneamente, com pleno conhecimento da alma. Não se trata de uma obrigação involuntária ou sob ameaça; porque, como o maçom é livre na maior plenitude da palavra, contrai a obrigação ou juramento que o liga ao *Ideal da Ordem* com espontânea vontade.

OBRIGAÇÕES DO JURAMENTO

173. As obrigações do juramento são três. A primeira: o silêncio. Lei importante do hermetismo é não revelar a ninguém os segredos da Ordem: "Não deis pérolas aos porcos". O homem ao penetrar no Templo Interno da Sabedoria e receber os fragmentos do Saber Divino, deve guardá-los como um tesouro em seu próprio coração, por dois motivos: um, porque ninguém os pode compreender; o outro, porque ao divulgá-los perderá com as palavras a energia interna, que é como a levedura que fermenta o coração com aquela sabedoria.

A segunda: não escrever, gravar ou formar nenhum sinal que possa revelar a Palavra Sagrada. Esse é o *Verbo Divino* que se acha em todo ser; porque, tirá-lo para fora é como arrancar a semente da terra para ver seu crescimento. O *Verbo Divino* ou *Ideal Divino* deve operar do interior para fora, e nunca deve ser visto pelos olhos das paixões, como os que se vangloriam de seus poderes.

A terceira: é a sua união eterna com a Fraternidade Espiritual, com seus ideais, aspirações e tendências; compromete-se a ajudar seus irmãos a cada momento. Assim, compreenderá que a *Fraternidade* é um corpo e que ele é uma célula no mesmo corpo, que deve cumprir seus deveres.

O maçom prefere "ter cortada a garganta e arrancada a língua pela raiz" a faltar ao juramento. É o castigo simbólico do indiscreto quando fizer uso egoísta de seus poderes. Então a língua, instrumento do *Verbo*, lhe será arrancada, isto é, perderá o poder da palavra ou do *Verbo*. Será-lhe cortada a garganta, que é a que produz o som da verdade.

A LUZ

174. Uma vez que cumpriu os três deveres do juramento, será digno de ver a *Luz da Verdade*. Efetua-se esse símbolo fazendo cair as vendas dos olhos do candidato, as quais representam a venda da ilusão que lhe impede ver a essência da Verdade.

A princípio fica deslumbrado; depois, vê os irmãos com espadas dirigidas para ele. Essas espadas não são ameaças porque aquele que vê a luz nunca pode ter medo de ameaças. Essas espadas demonstram as dificuldades que o Iniciado deve confrontar no cumprimento constante de seus ideais; porém, o Iniciado jamais deve renunciar a suas aspirações elevadas. Por isso, os irmãos ao vê-lo firme em seus propósitos, descobrem-se deixando a *Máscara* que lhes escondia o semblante e baixam as espadas, significando isso que as dificuldades são vencidas ante a firmeza da Fé. É a luz interior que passa livremente e se derrama no mundo externo para desfazer todo temor e qualquer dificuldade. – É a *Luz da Divindade*. É o objetivo da iniciação interna: *fazer do homem um Deus*.

A maçonaria acorre a todos esses símbolos como para ajudar o intelecto do homem a compreender a verdade e descobrir que é *Deus em Deus*.

CONSAGRAÇÃO

175. Concluído o antecedente, o candidato é levado à ara diante da qual se ajoelha sobre o joelho esquerdo, ao passo que o direito está em forma de esquadro. Fazem-no confirmar suas obrigações. (Todo ato deve ter um significado muito profundo. O mero fato de ajoelhar-se tem um grande significado oculto, porque os centros etéricos e físicos, ao apoiar o joelho em terra, se sintonizam com certas correntes que circulam sobre a terra e estão sempre à disposição dos que buscam auxílio no Invisível. A oração com a posição do homem ajoelhado não só ajuda quem ora, como ainda, até certo ponto, o preserva das influências perniciosas que o podem dominar em qualquer outra posição que o corpo adote. Pedir de joelhos é uma frase que se repete a cada instante, porque os antigos que nos deixaram essa frase compreendiam a eficácia do pedido feito de joelhos. Já em outro lugar explicamos o significado do esquadro e não é necessário repetir aqui o significado da perna direita que toma a forma do esquadro).

Quando o candidato cumpre suas obrigações e se ajoelha ante o altar, que é seu coração, onde reside o verdadeiro Mestre, do *Eu Sou*, o *Átomo Nous*, o Cristo, então o V∴ M∴, que ali representa o Cristo, toma a espada flamejante, apoia-a na cabeça do recipiendário e pronuncia a fórmula da consagração acompanhada pelos golpes misteriosos do grau. Feito isso, levanta-o e abraça-o, dando pela primeira vez o título de irmão, e cinge-lhe o avental dizendo: "Receba este avental, distintivo do Maçom; é mais belo que todas as condecorações humanas, porque simboliza o trabalho que é o primeiro dever do homem e a fonte de todos os bens. O avental lhe dá o direito de sentar-se entre nós e sem ele nunca deve estar na Loja".

(A espada flamejante é o símbolo do Poder Divino. O poder criador acha-se no homem; porém agora, na humanidade é um poder limitado).

O Poder da criação manifesta-se na parte inferior da espinha dorsal, onde reside o inimigo secreto do homem. O homem está se esforçando para unir-se ao Mais Íntimo, ou segundo a parábola da Bíblia, está ansioso por voltar ao *Éden*, ao Paraíso, depois de ter sido expulso como rebelde, e "Deus pôs no Oriente do mesmo Jardim do Éden uns querubins que luziam por toda a parte uma espada flamejante para guardar o Caminho da Árvore da Vida". A Espada do *Poder* que se acha nas mãos do Anjo que reside na coluna vertebral do homem, impede aos rebeldes átomos destrutivos acercarem-se da fonte do Saber Divino para não transviá-lo para o mal segundo seus próprios desejos. Porém, desde o momento em que se ajoelha ante o Mestre Interno, ante o Altar do Sacrifício, o Mestre Íntimo o consagra discípulo seu, tocando-o com a espada flamejante, e vibrando os toques misteriosos para transformá-lo em ajudante servidor e humano no trabalho da *Obra*.

176. O avental é a túnica de pele mencionada pela Bíblia ou o Corpo Físico com sua consciência espiritual (Adão) e seu reflexo pessoal (Eva), os quais foram precipitados de um estado edênico (mental) e levados à terra, o mundo físico, para trabalhá-lo e expressar, na matéria, as qualidades divinas, e adquirir na terra experiências que transformem o homem em mestre.

O avental é o corpo físico, é a túnica de pele, é a parte que isola o Espírito Interno e oculta sua Luz aos olhos físicos.

Colocar o avental significa isolar o coração do mundo físico durante os momentos de trabalho espiritual, durante a comunhão com o Pai que se acha no interior.

AS LUVAS

177. Dão-se ao recém-iniciado dois pares de luvas, um para ele e outro para que ofereça à mulher mais amada.

As luvas brancas são símbolo das boas obras, isto é, para expressar o divino em nós sem mirar o fruto das obras.

Com o outro par de luvas para a mulher indica-se que a mulher, companheira do homem, tem direito de participar dos benefícios da Ordem, embora até agora, em algumas Lojas, lhe neguem esse direito.

A nosso ver, as luvas têm também outro significado mais transcendental: é amar a Deus com todas as forças. As luvas são, como o avental, isoladores. Nas religiões ensina-se que, para orar, devem-se cruzar os braços; a maçonaria oferece ao iniciado um par de luvas.

O homem irradia energia pelos dedos das mãos. Assim para amar a Deus com todas as forças cruzam-se os braços sobre o peito para conservar essa energia em si mesmo, o que o ajuda melhor à adoração do G∴ A∴ D∴ U∴. As luvas têm por objetivo conservar essa energia no homem para melhor expressão da Verdade no momento necessário.

A PALAVRA

178. Tendo sido consagrado Aprendiz maçom, está o neófito em condições de se lhe comunicar a palavra e o modo de fazê-lo.

O primeiro versículo do Evangelho de são João nos dá o significado e a chave da palavra: *No princípio era o Verbo*, ou seja, a Palavra. É a resposta da verdade de que tudo se manifesta de um Princípio Interno ou espiritual chamado Verbo ou Palavra, quer dizer, afirmação criadora de sua realidade que o faz vir à existência e manifestar-se de um estado de imanência latente ou potencial.

No princípio era o Verbo é uma frase que nos demonstra a origem espiritual de tudo o que vemos ou se apresenta de algum modo aos nossos sentidos. De tudo, sem distinção, pode-se dizer que no princípio (ou em sua origem) era ou foi Verbo, Palavra, Pensamento ou Afirmação Criadora que o originou. E como o Verbo, Palavra ou Pensamento não pode ser senão manifestação da Consciência, toda coisa exterior tem uma origem interior no Ser em que teve nascimento primeiro como causa cujo efeito vemos.

Tudo o que se manifesta deve ter tido sua origem de um pensamento, desejo, aspiração, afirmação ou estado. O Universo, desde o princípio, teve o ser do Não Ser que é o fundamento de tudo o que existe; espaço e tempo não são mais que laboratórios do Verbo.

É, portanto, de importância transcendente o que o homem diz, pensa, ou afirma em si mesmo. Com esse fato só participa, consciente ou inconscientemente, do poder criador universal do Verbo e sua obra construtiva.

O primeiro grau do Aprendiz tem o privilégio de desenvolver o poder do Verbo sábia e conscientemente no iniciado.

Aprender o correto uso da Palavra eis a tarefa fundamental que incumbe ao maçom. Com esta disciplina torna sua atividade construtiva e em harmonia com os planos do G∴ A∴ D∴ U∴, quer dizer, com os princípios universais da Verdade.

Há, portanto, uma palavra sagrada distinta de todas as palavras profanas, que são nossos pensamentos errados negativos e juízos formados sobre a aparência exterior das coisas. A palavra sagrada é o Verbo, isto é, o que de mais elevado e de acordo com a realidade podemos pensar ou imaginar, uma manifestação da luz que nos ilumina do interior. É nosso ideal e nosso conceito do que há de mais justo, bom, formoso, grande, nobre e verdadeiro. Conformando nossas palavras com esse Verbo, pronunciamos a Palavra Sagrada e decretamos seu estabelecimento. Pois, como se diz: "Decretarás uma coisa e essa coisa será estabelecida em ti".

A Palavra Sagrada dada pelo V∴ M∴, que se senta ao Oriente, simboliza a Palavra Sagrada, dada individualmente a cada um de nós pelo Espírito de Verdade, pelo íntimo *Eu Sou* que igualmente se senta e mora no Oriente ou origem de nosso ser. Também representa a instrução verbal que se dá na Loja (ou lugar onde se manifesta o Logos ou Palavra) e que sempre deve partir do Oriente para ser efetiva, isto é, do que cada um pode pensar individualmente de mais nobre e elevado. Deve ser luz inspiradora e vida como a luz do Sol, que sai do Oriente.

À semelhança da Palavra Sagrada que se formula ao ouvido, letra por letra, assim deve dar-se a instrução hermética. Dá-se a cada qual um primeiro rudimento, a primeira letra da Verdade para que, meditando-a e estudando-a, chegue por seu próprio esforço a conhecer e formular a segunda, que o tornará digno de receber útil e proveitosamente a terceira. Desse modo foi e tem sido comunicada a Doutrina Iniciática em todos os tempos, sendo o simbolismo maçônico a primeira letra da mística palavra sagrada da Verdade.

Quando chegarmos à explicação mística do Ritual, daremos o significado particular da Palavra Sagrada do Aprendiz.

A Palavra Sagrada que se dá ao novo iniciado é o símbolo daquela instrução sobre os princípios da Verdade que cada Aprendiz tem o direito de conhecer, ensinados pelos irmãos mais adiantados no caminho.

A Palavra Sagrada que se dá ao ouvido, ou secretamente, é o saber verdadeiro que o iniciado recebe do seu interior. É o exercício que o torna apto para o Magistério da verdade e da virtude. Esta instrução não depende do que recebe senão do que encontra e assimila por si mesmo com seus próprios esforços, isto é, com o uso correto que faz da primeira regra recebida o meio de chegar diretamente à verdade.

Nisso consiste a instrução iniciática: agir sempre e bem para chegar a descobrir as verdades transcendentes cósmicas que estão em si próprio. Não é como a instrução oficial, que se limita a fazer então o discípulo saber certas opiniões intelectuais que, muitas vezes, são mais prejudiciais que úteis. A ciência da Verdade deve ser sentida, vivida e não só aprendida.

Cada letra da Palavra Sagrada deve ser objeto de reflexão individual. Por exemplo, ao meditar nos poderes e significado da primeira letra, o discípulo chegará, por esforços próprios, a encontrar a segunda, que é a que deve dar ao Instrutor em resposta à primeira, para que se julgue digno de receber a terceira, que é de gênero diferente da primeira.

O homem correto, que aspira ao saber, deve primeiramente praticar o bem ao seu alcance; então, a primeira prática lhe descobre o caminho da segunda: ajudar os necessitados, consolar os aflitos. Isso significa *dar* e, como o efeito de dar é receber segundo as leis cósmicas, chegamos à conclusão de que quem ajuda será ajudado para dar mais e de que quem consola será consolado para melhor aliviar a dor alheia.

A Palavra Sagrada tem três sentidos. O primeiro sentido é exterior. Esse determina certos ensinos por meio do símbolo, das cerimônias e alegorias assim como as religiões têm as cerimônias, obrigações externas e a ciência tem o método experimental com as propriedades exteriores das coisas.

O segundo sentido é esotérico, o qual por meio da reflexão individual pode levar ao conhecimento da Verdade, à Doutrina interior que se oculta no simbolismo e nas formas externas. O terceiro é o sentido místico ou entendimento secreto da Verdade apresentada pelas alegorias e símbolos.

A mesma lei rege tanto no caminho da religião quanto no do homem espiritualista, que busca o sentido interior e profano dos símbolos religiosos e o valor operativo de suas cerimônias. Assim se chega a entender seus significados espirituais.

O homem que se dedica ao reconhecimento do mais profundo das coisas abrange em si todas as religiões, artes e filosofias, e não necessita de nenhum Mestre. Basta-lhe seu próprio Mestre Interno, que é Onisciente e Onipotente.

O objetivo da maçonaria e das religiões é preparar e ensinar o intelecto a comunicar-se com Seu Próprio e Único Mestre *Eu Sou* que está ávido por instruir e iluminar o homem.

OS TRÊS ANOS

179. Os três anos do Aprendiz e as três viagens da iniciação são o símbolo do tríplice período que marcará as etapas do seu estudo e progresso.

Os três anos referem-se particularmente às três primeiras artes: a gramática, lógica e retórica. Antigamente, o Aprendiz tinha de estudar durante três anos consecutivos essas artes, empregando um ano para o domínio de cada uma. Como se disse anteriormente, o primeiro grau tem por objetivo desenvolver no homem o poder do Verbo, e esse poder, forçosamente, deve dominar as três artes indicadas. A gramática é o conhecimento das letras, quer dizer, princípios, signos, símbolos da Verdade. O Aprendiz não sabe ler nem escrever a Linguagem da Verdade; apenas a exerce soletrando, uma por uma, as letras ou princípios. Os três primeiros anos também têm relação estreita com os três primeiros números: o Um, símbolo da Unidade Universal; o Dois, dualidade da manifestação; o Três, a Trindade ou perfeição.

LETRAS E NÚMEROS

180. O estudo das letras é uma parte da arte gramatical. É o estudo daquela gramática (do grego *gramma*, que significa letra, signo) simbólica, com o qual deve familiarizar-se o aprendiz.

Uma vez conhecidas as letras, lhe será possível combiná-las por meio da lógica e manifestar-se o Verbo por meio da retórica.

Porém os signos ou letras têm tríplice sentido: externo, interno e espiritual.

As letras, segundo os ocultistas, são formas externas de poderes internos e espirituais.

A primeira letra do alfabeto, que é A, mostra em sua forma os dois Princípios ou forças primordiais, que partem do ponto de origem e formam o Ângulo. É também o Triângulo que nasce do ângulo por meio da linha horizontal — o terceiro princípio — que une seus dois lados.

Essa primeira letra mostra-nos a origem de tudo e sua progressiva manifestação: a involução ou revelação do Espírito no reino da forma ou da matéria.

Alaf. A forma hebraica dessa mesma letra cujo valor numérico é *Um*, apresenta-nos, na linha oblíqua central, o Primeiro Princípio Unitário do qual se manifestam as duas forças ou princípios no homem: ascendente e descendente, ou seja, centrífugo e centrípeto, masculino e feminino, representados pelas três colunas. É, por isso mesmo, um signo de equilíbrio, pois mostra o domínio dos opostos e a Harmonia produzida por sua atividade coordenadora. Em seu conjunto, mostra a trindade, isto é, a força manifestada pela unidade.

Até aqui chegou o conhecimento simbólico da letra A.

Porém, alguém pode decifrar e analisar seu sentido interno? Quais são as forças que se encerram na letra A e como se devem utilizar?

Não são muitos os cérebros que pensarão em rasgar o

véu denso que oculta os poderes que se encerram na A e em suas companheiras de alfabeto.

Deus criou o Universo por meio do *Verbo*, e o *Verbo* se fez carne segundo o número, peso e medida; então cada letra que forma uma parte da palavra deve ter seu número, peso e medida.

Quem descobriu o número, peso e medida de cada letra?

Quem pode utilizá-la conscientemente? Dizem que os mestres da *Ioga* têm esses segredos e contam-nos alguns, no Ocidente, que chegaram a possuir esse inapreciável tesouro.

Nós, muito longe da pretensão de o possuirmos, oferecemo-nos desvelar adiante o mistério de cada letra, seu número, peso e medida, segundo nossa inspiração interna. Por enquanto, temos de seguir o sentido externo das letras.

Cada letra é uma potência, um poder e uma energia em si mesma, e pode-se distingui-la sob várias formas.

1. A letra é um símbolo representativo do Criador, eterno que rege a evolução interna da Criação.
2. Cada letra tem um som, força que possui o poder em sua vibração sutil e está constantemente vibrando em seu tom próprio.
3. Esse som, ao vibrar através da energia que anima todos os seres, modela as condições das formas para dar-lhes seus arquétipos.
4. A letra é a representação de uma divindade que tem íntima relação com a consciência do homem.

5. Vocalizar uma letra é chamar uma divindade por seu nome e atrair a si sua força cósmica.
6. Uma Palavra composta por várias letras transforma-se em instrumento de geração do espírito porque se converte em ideia.
7. Cada povo adotou para suas letras uma forma especial que representa a propriedade de sua deidade, segundo a sensação com que impressionavam sua mente o atributo e as características de tal deidade.
8. De modo que, se o hebreu pronuncia ou vocaliza a letra A adaptando a forma de sua própria letra, erguendo a mão direita ao alto e esticando a esquerda para baixo, obtém os mesmos benefícios que um latino, ao pronunciar a mesma letra na forma latina.
9. Se cada letra do Alfabeto é um poder, a combinação de várias letras produz uma aglomeração de poderes para um fim desejado.
10. O *Mantram* sânscrito conservado pelos iniciados orientais não é mais que o poder do Verbo sintetizado numa palavra; também as palavras são certas formas cabalísticas conservadas nas cerimônias da iniciação ocidental.
11. Toda palavra é uma ação, e se é ação, deve ser útil uma velha lenda cristã que nos ensina que o diabo não pode apossar-se dos pensamentos enquanto não se materializam em palavras.
12. Nas escolas herméticas há muitas palavras que não têm sentido para o profano, e às vezes até para os próprios filiados. Não foram criadas como que-

bra-cabeças; antes de tudo, expressam o poder oculto e esotérico de cada uma de suas letras, sem muito se preocuparem com o sentido que possam ter no dicionário da língua. Também os inventores do símbolo nunca tiveram intenção de que sua forma deva encerrar uma única ideia determinada, senão que do símbolo deve emanar a fonte de todas as ideias.

13. O Aprendiz, ao estudar as letras do seu grau, deve meditar nos pontos anteriores para compreender que a essência do Verbo ou palavra está no princípio; que a luz intelectual é a palavra; que a revelação é a palavra, e que falar é criar; porém, para criar devem-se escolher os elementos da criação e empregá-las com sabedoria.

14. Deus, dando razão ao homem, deu-lhe as letras para formar a palavra e pronunciá-la.

15. A letra A, cujo valor numérico é um, é o primeiro som que articula o ser humano, e a primeira letra do Alfabeto, como o número *um* é a unidade mãe de todos os números. Ambas as figuras exprimem a causa, a força, a atividade, o poder, a estabilidade, a vontade criadora, a Inteligência, a afirmação, a iniciativa criadora, a originalidade, a independência, o Absoluto que contém tudo e do qual emanam todas as possibilidades. É o homem rei da criação, que une o céu e a terra, a supremacia, a atividade enervante, o desejo incansável de chegar ao seu fim etc.

16. Todos esses atributos e muitos mais pertencem à letra A. Os iniciados, conscientes do poder da letra, separada ou unida à outra para intensificar sua for-

ça, entoavam-na segundo rito especial, para produzir uma vibração e cor apropriadas, que ajudavam a efetuar um resultado desejado em sua própria mente e nas dos demais. Atendendo ao já dito que cada homem tem uma nota particular, aquele que modula a pronúncia das letras segundo sua nota ou tom pessoal, obterá poderes enormes. Amados leitores! Aprendam a vocalizar as letras e se manifestará benefício em seus três mundos: Espiritual, Intelectual e Físico.

Depois de ler os artigos anteriores, o amado leitor chega a compreender que a maçonaria, as religiões e todas as escolas são fases da Única lei natural que rege o Universo Maior e o universo menor que é o homem.

De modo que a maçonaria é uma doutrina que tem por objetivo despertar o homem do sonho da ignorância ao cumprimento do dever. Porém, como esses deveres são abstratos, o homem teve de apegar-se a símbolos, emblemas, rituais, para que sua mente objetiva possa sentir algo do que nele mora latente.

Tudo o que se escreveu sobre a maçonaria é mera explicação de certas ideias; mas, se a ideia não se manifesta por atos, é vã, porque só a ação manifesta e comprova a existência da vontade.

Os rituais de uma religião são ideias manifestadas por palavras que cristalizam a vontade.

O ritual do primeiro grau é a realização do ideal ou do espírito maçônico; é a exteriorização da divindade interna no homem ou, em outros termos, é um meio de ajudar o homem à sua união consciente com seu Deus Interior, com seu Íntimo, fim procurado por todas as religiões esotéricas do mundo e ignorado pelas exotéricas.

Aqueles que compreendem que o corpo humano é a cópia fiel, em miniatura, de todas as divindades, de tudo o que existe no Universo, e que por isso foi chamado Microcosmo, verificarão que o ritual do primeiro grau é um meio, um escalão cujo fim é o aproximar *consciente* da mente humana ao seu Interno Criador, já que essa mente desde que começou a usar seus cinco sentidos físicos, dedicou toda sua atenção ao externo e esqueceu-se do Íntimo e Interno.

Resumindo: o Mestre de uma Loja, ao chegar a compreender o espírito maçônico, entra a praticá-lo por meio do ritual.

Como se disse anteriormente, o templo é o corpo humano: "Vocês são o templo do Espírito Santo", e como "o reino de Deus está dentro de vocês", todas as faculdades do homem devem voltar-se para o templo Interno em busca do reino de Deus.

Considerando o homem igual a um templo, cujo sacerdote é a razão iluminada pela Sabedoria Divina, insinua e guia a suas fiéis faculdades a adoração de Deus no templo Interno, e entra a oficiar e praticar o ritual da adoração.

181. Toda manifestação deve ter três planos ou três vias por onde o homem pode perceber e expressar a vida:

1. O plano espiritual, relacionado com o pensamento.

2. O plano mental, relacionado com o pensador.
3. O plano físico, relacionado com a imagem do pensador.

Estes três planos de Manifestação, inseparáveis uns dos outros, estão vinculados aos três elementos que entram na linguagem, assim:

a) o Plano Espiritual o está com a Aritmética;
b) o Plano Mental o está com a Música;
c) o Plano Físico o está com a Geometria.

182. Cada letra do alfabeto tem estas três chaves; por consequência, em cada palavra também entram os três elementos mencionados, assim:

a) tem um valor numérico que lhe é próprio;
b) tem um som que o distingue;
c) tem uma figura que o caracteriza.

As letras do alfabeto são, em sua origem, 22 ideogramas chamados as *22 portas do saber*. As letras interpretam o saber antigo por meio da palavra que identifica a ideia cifrada nela.

Logo, cada letra tem dois valores para nós: o primeiro, que se relaciona com a substância e é transcendente; que não tem uma correspondência imediata no entendimento. Nós o percebemos, mas não o identificamos, e segundo, que é relativo, e se identifica com nossa consciência, na qual terá limites muito reduzidos.

183. Em cada letra estão cifrados muitos princípios que têm sua correspondência no homem e em tudo o que existe na Natureza, porque Tudo é Um, e Um é Tudo. Cada letra interpreta princípios atuantes, moldes que formam imagens e forças inteligentes, que animam essas imagens segundo o molde em que são formadas.

184. Às vezes num alfabeto há mais de 22 letras, mas no latino as principais são 22 e as demais são derivações.

As 22 letras compõem o idioma; cada letra está relacionada com um número, um som, uma figura geométrica, uma cor, um aroma, um planeta do sistema solar, um signo do zodíaco, um processo alquímico, uma atividade física e uma noção mental.

185. Cada letra representa um número. É necessário seguir a nomenclatura egípcio-fenícia na ordem alfabética para facilitar ao leitor o estudo das letras e aplicar a magia do verbo em suas necessidades espirituais, mentais e físicas. Porque os princípios cifrados em cada signo-letra têm sua correspondência no homem, que é o supremo símbolo da Criação e o verdadeiro ideograma no qual se resume o saber contido em todos os signos.

8. A magia do verbo ou o poder das letras que deve aprender e praticar o aprendiz

A (1)

186. A letra "A" é o primeiro som que articula o ser humano e é a primeira letra do Alfabeto. Em hieróglifo é: o homem, a ideia da unidade, o princípio, o Ser, o Espírito, o Mago.

Significado: Deus o Pai Simboliza a Unidade, a Essência Divina, o Manancial, a Razão de ser de todos os atos.

Sua Cor: Branca e Violeta.

Seu Astro: o Sol.

Seu tom musical: FA.

Está associada ao Plano Espiritual do Homem, aos processos sintéticos, às ciências secretas. Está identificada com o desejo e se expressa pela vontade.

É a letra da transmutação. No Plano Espiritual "A" é o compêndio de todas as diversidades, a iniciação nos mistérios e o poder de decifrá-los e servir-se deles.

No Plano Mental é a transmutação e a coordenação. Dá poder para considerar e resolver os problemas, despertar e dominar as paixões. Ajuda à meditação, reflexão e iniciativa.

No Plano Físico ordena os elementos naturais; domina as forças em movimento. Dá aptidão para adquirir e dispor, criar, modelar e dar impulsos. Promete domínio dos obstáculos materiais; realização de novas e felizes iniciativas e empresas; adquirir amigos fiéis.

A letra "A" convida à atividade constante; favorece a cura da preguiça e da instabilidade das ideias e atos.

A letra "A" simboliza o Homem-Deus ou Super-homem que por sua vontade adquire todo o poder e toda a força da fecundação nos três mundos. "A" é o poder energético que ordena; é o instrumento do EU SOU. "A" tem seu ritmo dado pela natureza. É o princípio da vida, a alma, o Deus.

"A" é neutro, é o alento que anima os pulmões, órgãos principais da respiração.

Os raios "X" demonstraram que ao vocalizar "A" depois de respirar profundamente, o sangue flui aos pulmões, alivia e cura suas enfermidades.

O Mago ou o Microposopo, isto é, o criador do pequeno mundo, é aquele adepto do livro de Hermes, cujo corpo e seus braços formam a letra "*alefh*" hebraica, que é tomada do alfabeto assírio.

A figura que representa a letra "A" é distinta da que demonstra a *Alefh* hebraica; mas, nós devemos representar com o corpo a letra "A" latina, para poder obter os benefícios enumerados anteriormente por meio de sua vocalização e seus sons. A posição deverá ser a seguinte: colocar-se sempre de frente para o Oriente; de pé, com as pernas abertas em ângulo de 25 graus, colocar ambas as mãos sobre o Plexo Solar, na boca do estômago. Nesta posição deve-se começar a prática que consiste em:

1. Aspirar lentamente pelo nariz, durante 8 segundos.
2. Pensar durante a inalação que a energia vital entra pelo nariz para encher os pulmões.
3. Reter o alento durante 4 segundos, pensando que a energia está penetrando em todo o corpo.
4. Exalar durante 8 segundos, cantando com a boca bem aberta AAAAAA. Ou este outro, egípcio: ARARITA.

Este exercício depura os pulmões das impurezas e cura suas enfermidades. Se for possível ajustar o som à nota musical "DÓ", será preferível.

A cor branco-violácea representa a saúde.

O mesmo exercício com a vocalização de "A" nos outorga os seguintes dons: no Plano Espiritual, concentrado com o EU SOU, outorga a facilidade de compreender os segredos da ciência secreta; dá o desejo invencível que nos conduz à meta e à vontade férrea para realizar sem temor o Justo e o Bom. Este exercício também transmuta nossos metais inferiores em superiores, nossas baixas paixões em ideais sublimes. "A" é a invocação mais direta e mais escutada. Por "A", o EU SOU, o Íntimo, acolhe nossos pedidos e o EU Superior nos inicia nos mistérios internos para nos servirmos deles.

No Plano Mental, "A" dá poder para a transmutação e a coordenação, para resolver nossas dificuldades, para despertar nossas paixões e depois dominá-las.

No Plano Físico, ativa nossa energia, depura nosso sangue, ordena os elementos naturais, dá impulsos, cura a preguiça e a indolência, estabiliza as ideias e os atos.

As vogais são sete, como são sete os sentidos do homem; mas, como até o momento o ser humano não pôde perceber e sentir senão por meio dos cinco canais, assim também sua laringe e a boca não podem pronunciar mais do que cinco vogais.

Os Iniciados chegaram a pronunciar o sexto som vogal e despertaram o sexto sentido.

Nos três mundos, a letra "A" tem seus três significados.

No Espiritual: Deus o Pai Criador.

No Mental: O Conservador Divino; Adão o Homem.

No Físico: O Transformador Divino; o Universo Ativo ou a Natureza Naturante.

Milhares de livros foram escritos sobre a Cabala e o Tarot, mas nenhum leitor pôde ainda tirar qualquer proveito de tantos livros que circulam. Vamos penetrar agora no grande e terrível assunto dessas obras. Não se trata mais de teorias; vamos colocar nas mãos do aspirante (Aprendiz) a espada flamejante; aqui está a arma poderosa para que trate de conquistar os maiores segredos da Natureza.

Entendamo-nos: já demos o significado da letra "A" e trataremos de explicar os segredos das demais letras; mas toda ideia que não se manifesta em ato é uma ideia vã. De maneira que para poder extrair a potência das letras é necessário identificar-se com os seus significados.

Já sabemos que "A" significa o Mago, o Pai, Deus etc.

Quem é o Mago? O Mago é como Deus; trabalha sem cessar em razão inversa de seu interesse material. Mago é aquele ser que tem um coração sem paixão para poder dispor do amor dos demais.

O Mago é impassível, sóbrio, casto, desinteressado, impenetrável, inacessível. Não deve ter defeitos corporais e deve estar sempre preparado para toda aflição e traição.

A vontade firme e a fé em si mesmo, guiadas pela razão e o amor da justiça, o levarão ao fim que quer alcançar e o preservarão dos perigos do caminho.

Quer ter os poderes da Magia? Pois bem, AME SEM QUERER E TRABALHE SEM TEMER. Amar sem pedir nada para si e trabalhar sem temer a ninguém. Sabe amar? Sabe querer? Sabe distinguir entre o amor e o querer? Pois bem, o amor pode ser sem afeição; o amor se sacrifica. O querer pede sacrifícios porque é afetivo.

O Mago deve tratar de conquistar o grande Poder da Sabedoria, isto é, ser agradável e digno com todos.

Portanto, a vontade firme e a aspiração podem conduzir o aspirante (Aprendiz) ao trono da Magia, por meio do Verbo e a vocalização das letras.

Já vimos que a vocalização da letra "A" produz certas, vibrações em nosso corpo. Se estas vibrações estão guiadas, por nossos elevados pensamentos, nossa pura aspiração e nossas profundas respirações, os efeitos e atributos da letra "A" se deixam sentir facilmente em nós.

E assim sucessivamente: cada vocalização de uma letra tem que ser acompanhada com as condições enumeradas em cada letra.

B (2)

187. A letra "B" é uma consoante, e como todas as suas irmãs, não pode ser emitida isoladamente, senão acompanhada de uma vogal. "B" expressa a boca do homem como órgão da palavra, e a palavra é, como sabemos, uma elaboração interior do ser. Representa todo o interior, o central; é o santuário do homem e de Deus; é a mulher santuário dos dois. "B" simboliza a substância divina, a mãe, a imaginação, a ciência oculta e manifestada.

Seu planeta: Lua.

Sua nota musical: "FÁ".

Seu número é DOIS. É o binário que significa o passivo, donde emanam as ideias de reflexo; aplicado à Lua em referência ao Sol, é a mulher em referência ao homem.

"A" é a unidade, o EU: linha reta dentro do círculo. "B" é a mesma linha que divide o círculo em duas metades e assim vemos que a Dualidade tem sua origem na Unidade, e a Divindade se faz Pai-Mãe. (Ver *As Chaves do Reino Interno*).

Esta letra unida ao "A" expressa todas as ideias de progresso e adiantamento gradual, o passo de um estado a outro, o movimento.

No Plano Espiritual indica o pensamento-matriz no qual se modelam as imagens, a fonte da criação que manifesta o eterno.

No Plano Mental dá a compreensão do sentido dos opostos, a compreensão dos ensinamentos ocultos. É a inteligência que manifesta a sabedoria.

No Plano Físico é o despertar da parte feminina (matriz) no corpo do homem para o equilíbrio mágico, e representa a mulher que se une ao homem para realizar um destino igual.

"B" significa nascer-morrer e morrer-nascer. "B" tem que ser acompanhada de uma vogal com a qual tenha afinidade para que possa traduzir um efeito positivo benéfico.

Para obter seus benefícios, deve-se executar o mesmo exercício indicado na vogal "A", e quando se exala o ar dos pulmões, vocalizar AAAAA BBAAAA.

A posição deve ser: corpo ereto, mão esquerda na última costela e o pé esquerdo sobre a região do joelho direito, em forma de ângulos.

"ABA" é a invocação do PAI; é a súplica, o brado de Jesus como relatam os Evangelhos; é o "PAI NOSSO".

"ABA", o PAI, é o primeiro atributo e aspecto do Absoluto. Domina exclusivamente a cabeça do homem. Em realidade, não há mais do que um só Absoluto, mas, olhando sob o ponto de vista Físico, refrata-se em três aspectos.

"ABA", o PAI, tem sua base num átomo chamado o Átomo do Pai, que se acha no ponto impenetrável do espaço interciliar; seu reino está nos céus da cabeça e se reflete no fígado, centro da emoção.

Chamar primeiro com o pensamento e depois com o Verbo "ABA" é atrair para si mesmo aquele poder do pensamento cujo objetivo é plasmar na mente e no físico a manifestação do eterno.

Desejaria pedir perdão aos milhares de cabalistas, desde Moisés até Papus, e perguntar-lhes: por que as letras mães da Cabala são A. M. SH.?, e que significam a interpretação destas três letras para que sejam representantes da Trindade? Já sabemos que "A" é o PAI e "M" é MÃE, mas onde está o FILHO, em "Shin", a 25ª letra hebraica?

A lâmina do Tarô nos pinta o louco que interpreta a letra "Shin". Acaso a união do PAI e a MÃE engendra forçosamente aquele ser descrito por todos os cabalistas, como o homem distraído que caminha como louco e um cão lhe morde as pernas etc.? Saint Yves D'alveydre em sua obra imortal, o "Arqueômetro", lê as letras mães da direita para a esquerda, para nos dar a "Shema" e um tradutor aumentou a confusão ao interpretar "Shema" por "esquema".

Nesta pequena tradução há dois enormes equívocos: 1º, a palavra "A.M.SH." para converter-se em "Shema" não é da direita para esquerda, e sim, da esquerda para a direita, porque sabemos que todos os idiomas semitas são escritos da direita para a esquerda, e para se ler as três letras mães tal como as pronunciamos, têm de ser escritas assim: "SH.M.A."; 2º, "Shema" não significa "esquema", e sim, "Céu".

Que nos perdoem os Mestres, mas, segundo nosso humilde conceito, as três letras mães do alfabeto devem representar a trindade, e estas três letras que formam o Mantram ou a Palavra que encerra a mais alta vibração invocativa das religiões, devem ser "A.M.N.": AMÉN que significa PAI, MÃE, FILHO, e é o "AUM" dos indus. — Em seu devido lugar detalharemos o poder da vocalização de "Amén".

Os significados da letra "B" são:

No Plano Divino: Reflexo de Deus, Pai: Maria, Mãe, Maia: Deus em seu aspecto feminino.

No Plano Humano ou Mental: Reflexo de Adão: Eva, do homem-mulher.

No Plano Natural: Reflexo da Natureza Naturante: Natureza Naturada.

Em "B" temos o Equilíbrio Mágico. Deve-se saber aspirar a esse equilíbrio, procurando o Deus Íntimo com os olhos da vontade para ver a Luz.

Uma vontade sólida conduz à Verdade e alcançará todo o bem que aspira. "B" conduz à Ciência, mas é necessário bater à porta sem desanimar-se, para que seja aberta. Com a Equidade, a Justiça e o Equilíbrio, a Ciência da Verdade será o manjar do Mago.

Pratique em silêncio, guarde silêncio sobre os desejos, e algum dia o aspirante (Aprendiz) será guiado ao Mestre, ou ao livro, ou à mulher que lhe pode dar a Chave da Ciência sem limites, que emana do Deus Íntimo, do EU SOU.

G (3)

188. A terceira letra do alfabeto primitivo é "G", e expressa hieroglificamente a garganta, a mão semicerrada como para colher algo.

A garganta é o lugar onde se forma e se corporifica o Verbo ou a palavra concebida por meio do cérebro. É o Verbo que se faz carne; é o símbolo do envolvimento material das formas espirituais. É o mistério da geração em virtude da qual o espírito se une à matéria mediante a qual o Divino se transforma em humano. É, enfim, o filho, a humanidade e o cosmos.

Simboliza o organismo em função.

Representa o dinamismo vigente interpretado pela letra "G".

Seu planeta: Júpiter.

Sua cor: Púrpura.

Sua nota musical: "SI".

Representa em nossos sentidos o tato, a ciência da Psicometria, a conjunção de forças que tendem para o mesmo fim.

É a matriz universal no ato de dar a luz.

No Plano Espiritual é o saber do oculto e do manifestado, o que é presente e vinculado ao passado e ao futuro. É a imaginação feita ato. É o poder da expressão.

No Plano Mental é a trindade que representa o espiritual, o mental e o físico; o positivo, o negativo e o neutro.

Em Deus é entre o Pai e a Mãe, o Filho: ou, Pai, Mãe com o Filho.

No Plano Físico é a manifestação, a geração de desejos, ideias e atos que expressam o gozo do exercício de nossos atributos.

Promete concepção, produção, riquezas e abundâncias de bens materiais e triunfo sobre os obstáculos.

O princípio ativo é "A", o Pai; o passivo "B", a Mãe; "G" é o neutro, o Filho; o princípio falado.

"G" é a letra sagrada da Maçonaria Iniciática, da qual até o momento não se pôde descobrir os simbolismos e significações emblemáticas.

Temos de aprender a pronunciar a letra "G" das crianças, quando estão contentes e produzem aquele som laríngeo:

"EGGGEEE".

As palavras gargara e garganta bem pronunciadas surtem efeito.

O exercício consiste no seguinte:

1. Deitado de costas.
2. Pensar de antemão que a letra "G" é uma consoante que combina com todas as vogais, e cada vogal a dota de uma virtude ou faculdade: com a vogal "A", confiança em si mesmo, com a vogal "E", atenção; com a vogal "O", sensibilidade para captar e compreender os ensinamentos ocultos; com o "U", desenvolvimento de precisão, a clariaudiência e a Psicometria; com o "I", opinião reta, verbo que manifesta a humanização de Deus e a Divinização do Homem.
3. A letra "G" nunca deve ter o som de "J", mas, sempre o som de "GUE".
4. Colocar os dedos da mão esquerda na garganta em forma de colhê-la e alçar a mão direita ao céu em forma de receber algo do alto.
5. Nesta posição, praticar o exercício respiratório in-

dicado e ao exalar o ar dos pulmões, deve-se vocalizar: GA, GUE, GUI, GO, GU.

Repetimos de uma vez por todas que cada letra representa um número, mas o alfabeto latino apartou-se da regra ao ordenar suas letras em forma distinta da primitiva. Talvez porque seus sinais careciam de certas vozes que manifestavam certos sons; por isso os antigos tiveram que empregar duas letras para expressar um som. Um destes casos é a letra "G" com o "C"; o "U" com o "V" e o "C" com o "K". Sem impedimento, o "C" é uma letra consoante que possui autonomia própria.

Também o "C" tem o número 3, mas não é afim com todas as vogais, embora deva conservar seu próprio som com todas elas, isto é, por exemplo, que "CA" para nosso objetivo não deve pronunciar-se "K", senão "Ç", ou tal qual pronunciam os ingleses o ditongo "Thank", que é muito parecido ao "Z" em espanhol.

A letra "C" é muito afim com as vogais "A" e "I", e é inarmônica ou ao menos não muito útil com as outras para nosso objetivo.

"CA" ou "ZA" ou "Tha" têm muita relação com a glândula pineal.

Para praticar esta chave deve-se seguir o mesmo exercício descrito, com a diferença de que a cabeça deve ser apoiada sobre a palma da mão esquerda, e assim, depois de uma aspiração profunda e retida, vocalizar: "Cza" "Cza" "Cza", porém com uma voz cortante, sem alargar o som do ditongo.

Outra indicação: os três dedos da mão direita (polegar, indicador e médio) devem ser estendidos, como em estado de abençoar, enquanto que o anular e o mínimo devem estar fechados. É a mão que recebe para dar e abençoar.

Os significados do "G" são:

No Divino: Deus, Espírito: a força animatriz universal.
No Humano: Adão-Eva, a humanidade.
No Natural: O Mundo.

"Em Magia esta letra explica que o Absoluto se revela pelo verbo e este verbo tem um sentido igual a si mesmo, na inteligência deste verbo".

O Aspirante (Aprendiz) deve afirmar o que é *Verdade* e *Querer* o que é justo para ter *poder e direito de criar* por meio da palavra. O mentiroso por não ter a Verdade em seu coração e por não querer o justo, sua palavra é vã, da qual deve dar conta segundo diz o Evangelho. A palavra do mentiroso não tem nenhum poder; ao contrário, arrasta-o ao precipício de sua mentira. Evocar com o Verbo um espírito é penetrar no pensamento dominante deste espírito; para tanto, deve-se elevar moralmente pela atividade e retidão, para trazer este espírito até nós e assim ele nos servirá.

D (4)

189. A letra "D" hieroglificamente expressa o seio. Daí a ideia de um objeto capaz de produzir uma abundante alimentação, fonte de um crescimento futuro. Simboliza a realidade inteligível e sensível. Representa o princípio da Unidade materializada, a vontade, a autoridade e o poder interpretados pela letra "D".

Esta letra expressa uma criação realizada segundo as leis divinas e representa o *tetragramaton*.

Seu planeta: Urano, simboliza a autoridade.

Sua nota musical: "FÁ".

É a Natureza com seus quatro elementos.

Sua cor: roxo escuro.

No Plano Espiritual é a materialização constante e eterna da virtude divina no homem e representa a vontade no pensamento

No Plano Mental representa as quatro concordâncias de afirmação e negação, discussão e solução.

A afirmação, como Verbo, produz a afirmação como realização ou encarnação do Verbo.

No Plano Físico é a realização das coisas materiais, a cristalização do esforço e a obtenção do poder, segundo o amor, a verdade, a equidade e o trabalho.

Promete ganhos materiais e resultados favoráveis no esforço empregado.

A letra "D" combina beneficamente com quatro das vogais. "DA" é benéfico em finanças; "DE", firmeza e perseverança; "DO", misticismo; e "DU", segurança e fé.

Exercício: Ereto o corpo de frente para o Oriente, dobrar a mão esquerda em ângulo sobre a cintura. Aspirar lentamente, reter e exalar vocalizando: "DA", "DE", "DO", "DU".

Os significados da letra "D" são:

No Divino: Reflexo de Adão; o Poder.
No Humano: Reflexo de Adão; o Poder.
No Natural: Reflexo da Natureza Naturante; o fluido criador, a alma do Universo.

"Em Magia esta vocalização nos ensina que na Vida nada pode resistir a uma vontade firme, unida à ciência da verdade e da justiça. "D" tem por objetivo conferir ao Aspirante (Aprendiz) o poder de combater para assegurar sua realização, que é mais do que um direito; é um dever. O homem que triunfa nessa luta não faz senão realizar sua missão terrestre; aquele que cai na luta será imortal".

O sinal da Cruz corresponde a "D" e domina a natureza invisível. A Cruz é o Saber e Ousar, sem servidão; nisto consiste a onipotência humana.

Hé (5)

190. A letra "Hé" é a mais sagrada do alfabeto. É o espírito sobre os elementos e coordena os gênios do ar, os espíritos do fogo, os espectros da água e os fantasmas da terra.

"Hé" é o alento divino soprando nas narinas do homem que se faz alma vivente. Mas, deve-se pronunciar "Hé", e não vocalizá-lo como "e". A letra "Hé" é o alento que sai com o som, isto é, como dizem os franceses, "H" aspirado.

"Hé" é o princípio da luz divina, a luz que vivifica. É

o calor, o fogo vivente que se infunde e difunde. Dirigido o alento quente de "Hé" sobre a dor, esta desaparecerá como por milagre.
Planeta: Mercúrio.
Cor: Amarela.
Nota musical: "SOL" sustenido e "LÁ" bemol; está associado à ciência das medidas geométricas, ao corpo fluídico do homem e ao sistema nervoso.

No Plano Espiritual representa a Lei Universal na manifestação do Criador, a Unidade do Todo, a quintessência das coisas, o magnetismo cósmico, o sentido místico. "Hé" é o princípio andrógino, é o fogo vivente e criador no homem. É o homem em forma de pentagrama ou estrela microscópica. É o JUSTO que não admite disputa; é a religião universal, a providência.

No Plano Mental representa a Lei e a Liberdade, o ensinamento e o conhecimento, o domínio das paixões, o controle dos impulsos e a identificação conosco e com os demais.

No Plano Físico representa a liberdade disciplinada dentro da Lei; direção e controle das forças naturais, dos processos orgânicos e das criações físicas e mentais.

Promete liberdade, novas experiências e ensinamentos proveitosos; amigos e amigas fiéis.

"Hé" anuncia acerto em discernir, amor à beleza, desejo de vida do lar, dever e direito.

Já se tem dito que expressa a respiração e o alento. Pela respiração se cria e se mantém a vida, em tudo aquilo que anima, mas é a vida individual.

"Hé" é o princípio que enlaça o corpo material ao espírito divino; é o homem que enlaça Deus com a Natureza. É o interior que nos liga com as forças divinas e nos faz sentir que somos deuses.

Exercício:

Com muita devoção devemos pensar que o nosso alento é criador e vivificador.

Deve-se formar com o corpo a estrela microcósmica, isto é, abrir os pés o mais que se possa, estender os braços em forma de cruz, aspirar pelo nariz lentamente, reter e logo chamar "HA".

Repetir a aspiração como na forma anterior e vocalizar "HÉ", e assim sucessivamente; na terceira clamar "HI", na quarta "HO" e na quinta "HU".

Mas deve-se recordar sempre que a respiração da letra "HÉ" deve ser expulsa do peito com um alento forte, como um suspiro. "Hé" com "A" limpa os pulmões, com "E" fortifica as cordas vocais e a garganta, com "I" põe o sangue em movimento, com o "O" fortifica o coração e com o "U" o estômago.

Seus significados são:

No Divino: Reflexo da Vontade; a Inteligência.
No Humano: Reflexo do Poder; a Autoridade, a Religião, a Fé.
No Natural: Reflexo da alma do mundo, a vida universal.

Agora queremos fazer chegar ao leitor uma instrução: é a união da mão — o gesto com o Verbo — e desta maneira colocamos em suas mãos o mais formidável dos poderes. É necessário exercitar o sinal até aperfeiçoá-lo, com a mão direita. Este sinal é o da estrela microscópica; sempre se deve começá-lo de cima para baixo, na sequência numérica e da forma seguinte:

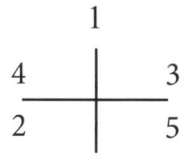

```
        1
  4  ───┼───  3
  2     │     5
```

Em Magia, "Hé" é como o olho da alma que penetra todas as coisas criadas. O sinal ou pentagrama exerce uma influência incalculável sobre os espíritos desprendidos do envolvimento natural. É o império da vontade sobre a luz astral, que é a alma física dos quatro elementos. O sinal deve ser terminado (ou fechado) com a CRUZ no centro.

9. Os deveres do aprendiz

191. Os deveres do Aprendiz serão como a resposta à pergunta que lhe é dirigida ao ingressar, e que diz:

— Quais são os seus deveres para com Deus, para consigo e para com a humanidade?

Na resposta a esta pergunta se encontram os deveres do Aprendiz.

— Quais são os deveres para com Deus?

Todos respondem desta maneira: meus deveres para com Deus é amá-lo! ...

O Aprendiz deve sentir o equívoco desta fórmula e pensar por si mesmo que ninguém pode amar a Deus, porque Deus é Amor, e o amor não pode amar o amor.

A faculdade de amar em nós é um reflexo de Deus. Podemos com esta faculdade amar um objeto ou uma pessoa para chegar a sentir o Amor Impessoal e vivê-lo, e assim nos tornar deuses.

192. O Íntimo Deus dentro e fora de nós é a Fonte do Amor em todo o ser. O dever do Aprendiz é tratar de sentir-se Deus. Deve consagrar-se a manifestar este amor em todos os seus atos até chegar à União com EU SOU

DEUS por meio do pensamento, da aspiração e da ação.
A Unidade com Deus é impenetrável à concepção humana, embora "TUDO SE CONSERVE E VIVA NA UNIDADE E TUDO DESAPAREÇA NELA".

A Religião Antiga dizia: "DELE VIEMOS E A ELE TEMOS QUE VOLTAR".

A Religião Moderna diz: "EU O PAI SOMOS UM".

Os antigos caminhavam para a Unidade, os atuais vivem inconscientemente NELA, e os futuros a viverão.

Viver a Unidade é identificar-se com ELA ou com DEUS ÍNTIMO.

Ser uno com uma parte é possuir uma ciência, ser uno com o ÍNTIMO é ser Onisciente.

193. O dever do Aprendiz é sustentar sempre o desejo de união com o PAI. Como?

Com o cumprimento de seus deveres para consigo e para com o seu próximo.

Vamos falar algo sobre estes deveres.

Saber sem praticar é como ter um tesouro sepultado que não tem nenhuma utilidade.

Para chegar à União, o aspirante (Aprendiz) deve praticar o que têm praticado os Seres Excelsos:

UM CORPO SÃO, UM PENSAMENTO PURO E UMA ASPIRAÇÃO COMPLETA.

Enumeremos o mais urgente, neste reduzido trabalho, para obter as três condições exigidas para chegar à Unidade.

O primeiro dever para consigo é a Saúde, e para conservar a Saúde é urgente praticar o seguinte:

194. Ao levantar-se pela manhã e depois de lavar a boca, deve-se erguer as mãos na direção do Oriente, invocar e agradecer: "Agradeço-lhe meu Pai pela recuperação de minha consciência! Dê-me Sua Luz, Sua Força e Seu Amor para servir-lo em meu próximo".

195. Em seguida praticar 21 respirações rítmicas* pensando, ao aspirar, que se inala a Energia Vital, e ao exalar, que se depura o corpo de seus hábitos mal-sãos e de suas impurezas. O exercício deve ser feito desta maneira:

1. Tapar a narina direita com o dedo indicador, inalar pela narina esquerda lentamente contando mentalmente oito segundos;
2. Reter a respiração durante oito segundos:
3. Tapar a narina esquerda e exalar pela direita lentamente, durante oito segundos;
4. Reter os pulmões vazios durante quatro segundos;
5. Novamente aspirar, mas desta vez pela narina direita segundo as indicações acima, e assim seguirá alternando de uma narina a outra, até completar 21 vezes.

196. Terminado este exercício, deve-se praticar este outro, por sete vezes:

---

* É aconselhável que só se façam as respirações rítmicas sob a direção de um instrutor ou iogue competente, para evitar distúrbios. (N. do R.)

1. Inalar pelas duas narinas contando mentalmente oito segundos, mas sempre com o mesmo pensamento puro e depurador;
2. Reter a respiração durante quatro segundos;
3. Exalar durante oito segundos;
4. Reter os pulmões vazios durante oito segundos, e assim até completar sete vezes.

197. Deve-se ter sempre o ânimo alegre e o pensamento puro porque o homem aspira átomos afins ao seu pensamento.

É um costume muito bom, depois do exercício, magnetizar um copo d'água estendendo-lhe as mãos acima e pensar durante um minuto que a água se está impregnando com sua energia. Ato seguido, deve-se tomá-la devagar, aos goles.

Antes de cada refeição deve-se lavar as mãos e logo, se for possível, estendê-las sobre o alimento e fazer uma pequena oração ou afirmação como esta: "EU SOU A PRESENÇA DIVINA NESTE ALIMENTO, QUE ELIMINA TUDO QUE É NEGATIVO. DESEJO DE CORAÇÃO QUE TODO AQUELE QUE TEM FOME TENHA O QUE COMER. AMÉN".

198. A prisão de ventre é a causa de todas as enfermidades, ou ao menos da maioria. Corrige-se esta desarmonia tomando a cada meia hora um gole d'água.

199. Deve-se conservar o equilíbrio do corpo ao sentar-se e ao caminhar.

200. É obrigatório eliminar a melancolia e a tristeza. Esta afirmação se elimina com o pensamento sustido: "EU SOU A PRESENÇA DA FELICIDADE E DA ALEGRIA EM CADA SER".

201. O banho é o batismo da água. Os anjos da água limpam os átomos impuros do corpo. A água não deve ser gelada nem quente.

O banho do sol é o batismo do fogo. Deve-se receber os raios solares sobre todo o corpo, despido, e em particular sobre os órgãos sexuais. A cabeça deve estar coberta ou à sombra.

A limpeza interna consiste em aspirar ar puro do bosque, tomar muita água durante o dia, praticar lavagem intestinal.

202. Deve-se mastigar sábia e completamente os alimentos. Nunca deve ocorrer o fanatismo na dieta. Algum dia se sentirá o desejo de deixar de comer um alimento e recorrer a outro mais saudável.

203. O jejum cura a maioria das enfermidades.

204. O êxito é um motivo para se dar sempre graças e nunca gabar-se de inteligência, porque muitos são menos inteligentes porém mais úteis do que você.

205. É obrigatório você bendizer o irmão que o injuriou.

206. Deve-se ser MODESTO, PRUDENTE e CALADO.

207. Temer significa desconfiança no Deus Íntimo. A cólera significa debilidade e ignorância.

208. Todo Aprendiz deve ter uma religião, e a melhor religião é a do Amor.
Ser virtuoso é mais fácil do que aparentá-lo.
A melhor vingança contra um inimigo é desejar-lhe felicidade.
A prodigalidade é um roubo ao pobre.
O vingativo é sempre covarde. O Iniciado é um poderoso Rei que perdoa.
A nobreza está na alma e não na raça.
A adversidade e o fracasso são degraus do triunfo.

DEVERES DO INICIADO PARA COM O PRÓXIMO

209. O maior bem que se pode fazer aos homens é não julgá-los.
A tolerância deve ser a primeira norma da Vida, e sobretudo com os do próprio lar.
O mal não está nos demais. Quando nos convertemos em Luz, desaparecem as trevas do próximo.
Quando servimos, devemos agradecer porque nos foi deparada a ocasião de cumprir com um dever.
Deve-se olhar a mulher com o respeito que se deve à parte feminina da Divindade.

Deve-se zelar pelo bem-estar da família e de todos os seres que necessitam de nós, sem esperar recompensa.

Deve-se ver o aspecto virtuoso em todos os seres.

Ser fiel membro da sociedade, como bom pai, bom filho, esposo, irmão e amigo.

Se é patrão, deve tratar seus empregados como filhos; se é governante, deve ser o pai de seu povo; se é súdito, deve respeitar as leis; se é empregado, deve cumprir seu dever.

Não é suficiente deixar de fazer dano aos outros; é necessário fazer o bem.

O intenso desejo de servir obriga Deus a manifestar-se no homem.

210. É isto um Código de Moral?

Não, amigo Aprendiz; isto é seu dever para chegar a ser um maçom CONSTRUTOR e não um maçom com etiqueta.

Há mais ainda jejum, abstinência, castidade (Veja *Poderes ou O Livro que Diviniza*, do mesmo autor), regime alimentar sadio, privação de excitantes, sono moderado, vida laboriosa etc são as regras mais indicadas para o renascimento, e ser um verdadeiro desbastador da pedra bruta.

Não quer seguir estes conselhos? Pois lhe diremos como aquele sábio maçom: "Você pode entrar na Maçonaria, porém nunca a Maçonaria entrará em você". Esta Obra está escrita para os valentes e não para você.

10. O que deve aprender o aprendiz

211. Durante os três anos e em recordação de suas três viagens, o Aprendiz deve aprender Gramática, Lógica e Retórica, isto é, deve SENTIR FUNDO, PENSAR ALTO E FALAR CLARO, como disse um poeta.

Durante os três anos deve aprender a sentir a Unidade, a Dualidade e a Trindade.

212. A Gramática se refere ao conhecimento da Magia do Verbo e o Poder das Letras, como foi explicado antes.

As Letras manifestam a Verdade.

O Aprendiz não sabe ler e nem escrever; somente soletrar; isto é, deve estudar as Letras e os seus efeitos; tem que aprender os três primeiros números e seus correspondentes significados que são:

UM: A Unidade do Todo.
DOIS: A Dualidade da Manifestação.
TRÊS: A Trindade Perfeita da Manifestação.
A Unidade é a Lei Divina.
A Dualidade é a Polaridade desta Lei.
A Trindade é a manifestação da mesma Lei.

A UNIDADE

213. Antes do Princípio existia o ZERO; no Princípio existiu o UM.

A circunferência ilimitada ocultava em seu seio o Eterno Raio.

Antes do Princípio existia o Verbo Imanifestado; no Princípio o Verbo se fez carne.

Espírito, Alma e Corpo tinham o ser no NÃO SER.

A existência palpitava no seio da não existência; não era nada no nada; era o ser no NÃO SER.

A CAUSA SEM CAUSA envolvia a existência; a Eternidade envolvia os tempos.

Isto foi antes do Princípio.

214. No Princípio o UM abrange em si o ZERO e desta maneira se formam todos os números.

No Princípio o Raio se traça na Circunferência e mede a eclíptica.

O fôlego aspirado e retido exalou o Sopro e o Visível teve o ser no Invisível.

A mudança manifestou o tempo na matriz da Eternidade.

Este é o PRINCÍPIO DOS PRINCÍPIOS, ORIGEM DAS ORIGENS. ESTA É A GÊNESE.

215. A Unidade é o Reino de Deus em nós e manifesta-se no corpo em diversidade, por meio da Dualidade, o Ternário, o Quaternário etc

A UNIDADE NÃO PODE SER APRENDIDA SENÃO SENTIDA.

Da diversidade podemos retomar a Unidade por estes caminhos:

1. O Pensamento Concentrado;
2. A Devoção;
3. A Sabedoria;
4. A Ação.

Estes quatro caminhos têm que ser combinados para melhor efeito.

11. O aprendiz deve aprender o mistério da dualidade

216. Embora tudo seja UM, em Realidade e Essência tudo se manifesta e aparece como DOIS.

EU SOU UM está muito mais além da concepção humana; porém manifesta-se pela Dualidade, e assim temos: Eu Superior e Eu Inferior; positivo e negativo; macho e fêmea; dia e noite; céu e terra; mal e bem; frio e calor etc Mas nosso objetivo é o homem em quem devemos estudar a Dualidade.

O homem atual trabalha com a metade de seus átomos, e quando chegar a estimular a outra metade, sua união será consciente e completa com o EU SOU.

217. Aspirar, concentrar e respirar são os únicos meios para encontrar o caminho para a União.

Dentro do homem existem dois princípios que as religiões chamam de bem e mal. Uma vez que estes dois princípios voltem à Lei onde não há nem bem nem mal, o homem então volta à Unidade com EU SOU.

218. Um pensamento puro, uma sincera devoção, uma razão sábia e um serviço desinteressado põem em mão do homem todas as chaves do Reino Interno para que possa voltar ao Éden da Unidade de uma maneira consciente.

Dissemos que a linha reta dentro do círculo representa a Unidade. O ângulo de duas linhas distintas, que partem de um único ponto e se afastam, representa a Dualidade. Desta maneira vemos que a Dualidade tem sua origem na Unidade.

219. O homem e a mulher como pessoas têm um sexo definido, porém, como deuses cada um tem em si ambas as fases.

O Iniciado deve desenvolver em seu corpo ambos os polos para converter-se em Unidade, ou deve unir-se a uma mulher para obter o mesmo fim. Sem embargo, a união dos métodos para chegar ao mesmo objetivo é mais prática e menos perigosa.

220. Cada hora a respiração do homem flui por uma narina, formando assim doze ciclos de duas horas (uma positiva e outra negativa que correspondem à passagem de cada signo do zodíaco pelo meridiano que habitamos). Quando conhecemos o instante em que cada signo ocupa esse meridiano, também podemos saber o elemento que rege nossa respiração e a parte do corpo afetada.

O Sol é positivo; a Lua é negativa. O ar que respiramos está cheio de átomos positivos e negativos.

A respiração pela narina direita aspira a força solar, positiva, fortificante etc. Seu excesso conduz à cólera e à fúria.

A respiração pela narina esquerda é passiva, calmante... seu excesso produz debilidade, apatia etc. Porém, o Iniciado equilibra a respiração simultânea que flui por ambas as fossas nasais, e assim ele terá a força suficiente para desenvolver grandes atos.

221. Também o raio na circunferência é símbolo da Unidade na Dualidade; é a união dos dois sexos para que homem e mulher formem um só corpo.

A verdadeira união do homem com a mulher deve chegar até o sexto plano, senão nunca serão um só corpo.

As uniões atuais não são mais do que concubinatos legalizados e forçados.

A energia sexual masculina é positiva e a feminina é negativa; quando as duas energias se unem novamente, o homem e a mulher voltam à Unidade Criadora. (Ver As *Chaves do Reino Interno*).

222. Justamente na união dos nervos nasais reside a Energia do Pai, que desce pelo cordão direito da espinha dorsal; a Energia que representa o Espírito Santo desce pelo cordão esquerdo, enquanto que a do Filho está no cordão central que neutraliza.

Os dois laterais transmitem a Energia aspirada pelas duas fossas nasais, e o cordão do meio a distribui por todo o organismo. Com esta Energia o corpo constantemente se equilibra e é conservada a atividade de cada órgão.

Daí se deduz a necessidade de saber Aspirar, Respirar e Pensar.

O sangue é o veículo do EU SOU; para que o veículo seja apto na manifestação do EU SOU, necessita de três coisas: Respiração completa, Alimento são e Pensamentos puros.

Voltemos à Lei: tudo quanto existe é dual em essência e tudo quanto se manifesta é trino em princípio. A Unidade de ambos os elementos, positivo e negativo, é necessária para qualquer manifestação. A manifestação ocorre no ponto em que se unem ambos os elementos.

Neste ponto de união se encontra o equilíbrio.

Na Dualidade há prazer e dor, mas na Unidade da Dualidade há LEI, que está acima do bem e do mal, do prazer e da dor, da vida e da morte...

12. O aprendiz deve aprender e praticar o mistério da trindade

223. A Unidade Superior da qual partem duas linhas divergentes se reproduz no Binário; mas estas linhas divergentes seriam inúteis se não se unissem em alguma parte! Essa união nos conduz forçosamente ao Ternário ou à Trindade.

O Pai e a Mãe engendram o Filho; o enxofre e o sal produzem o mercúrio; o céu e a terra engendram o homem.

Toda Trindade resulta de uma Dualidade. O homem é uma Trindade manifestada no corpo.

224. As duas correntes que procedem do EU SOU vitalizam, ao descerem, o sistema simpático e nervoso; mas quando estas duas correntes se unem em alguma parte da medula, formam o circuito da força ou o Terceiro Elemento, que tem que ascender novamente à cabeça. Este mistério está simbolizado pela ascensão do Cristo ao Céu.

A Eletricidade, o Fogo Serpentino e a Energia da Vida são os três elementos que fluem por todos os centros magnéticos do homem.

Estas três Energias vivificam as diversas etapas dos

corpos do homem: físico, anímico, mental etc. e a Trindade se manifesta em cada plano por meio de um centro magnético no corpo.

225. As religiões e a Maçonaria dividem seus mistérios em graus. O Primeiro Grau na Maçonaria e o Batismo na religião têm por objeto afetar o aspecto feminino de Divindade no homem para dominar as paixões e as emoções.
O Segundo Grau e a Confirmação afetam o aspecto masculino para dominar a mente.
O Terceiro Grau e a Comunhão despertam a Energia Central para que o homem possa comungar com o EU SOU.

226. Quando se unem os dois condutos medulares da coluna vertebral, parecem duas serpentes que simbolizam a Serpente Ígnea, ou o Fogo Criador, que se move ao longo do Canal medular até formar um cetro que se eleva aos planos superiores, e assim se tem a figura do caduceu de Mercúrio.

227. Quando os Princípios se unem no mundo divino do homem, formam a Triunidade do Absoluto no Centro Coronário. Neste Centro Deus Trino é a Unidade do Todo.

228. Unidos no sexto mundo ou no Centro Frontal, formam a Triunidade da Mônada ou o Espírito Virginal Diferenciado em Deus, antes de baixar à matéria.

229. Juntos no quinto mundo ou Centro Faríngeo, formam a Trindade do Verbo.

230. Unidos no do Coração, temos a Trindade do Espírito da Vida chamado mundo Intuicional.

231. No Centro Umbilical ou Plexo Solar formam o Espírito Trino Mental.

232. No segundo, o Esplênico, formam a Trindade do Desejo.

233. E no Sacro, formam a Trindade do Mundo Físico.

234. O Sistema Simpático consiste em dois cordões estendidos por quase toda a longitude da coluna vertebral, a um e outro lado da mesma e algo para diante de seu eixo.

Destes dois cordões que representam a Dualidade no homem, partem os nervos simpáticos, que formam os plexos, dos quais derivam outros conjuntos de nervos que formam gânglios menores com as arborizações terminais.

Nos gânglios menores se acha um diminuto grupo de células nervosas enlaçadas por tênues ramificações. Este grupo se forma por uma agregação de matéria astral para receber impulsos do exterior e responder a eles.

As vibrações passam destes centros ou de outros etéricos, e de pequenos vórtices que entranham partículas de matéria física densa e acabam formando células nervosas e grupos delas.

235. Os centros físicos recebem vibrações do mundo físico e devolvem impulsos aos centros astrais ou de desejos, e por outra parte repercutem no sistema nervoso cérebro-espinhal, que tem íntima relação em suas operações inferiores, com o sistema simpático.

236. O Aprendiz que trabalha pelo desenvolvimento de seus sete centros chamados por são João "As sete Igrejas", os "Sete Anjos ante o Trono", as "Sete Vozes das Trombetas", os "Sete Selos" etc, encontrará o caminho interno até sua própria Divindade. O desenvolvimento se efetua por meio da Trindade ou dos três cordões da medula espinhal.

237. Com o Aspirar, Respirar e Concentrar, a Energia Criadora pode ascender nestes centros e começa a repeti-los um a um até mostrar ao Aspirante (Aprendiz) todos os mistérios do mundo subjetivo, interno. A Energia, ao conectar-se nos talos dos centros vertebrais, brota como fogo pelos centros magnéticos para dentro e para fora. Os dois aspectos, positivo e passivo, ao se conectarem num Centro, traduzem-se num poder enorme, magnético, e pessoal, no homem, Este poder vivifica todos os gânglios e plexos quando flui pelos demais nervos e mantém a saúde e a temperatura do corpo.

238. O Aprendiz deve seguir os exercícios respiratórios indicados no Capítulo 9, sobretudo agora, depois de compreender o objeto e a razão deles.

A inspiração pela direita é positiva, e pela esquerda, é negativa; porém, ao unir as duas fases da Energia por meio da concentração, produz-se num plexo o milagre da regeneração ou da Iniciação Interna.

O primeiro exercício é para desenvolver e abrir os canais dos dois cordões, se nos é permitido usar esta expressão.

O segundo exercício tem por objeto ascender, por meio da concentração, a Energia Criadora desde o sexo, pelos plexos, um a um, até chegar ao Coronário.

239. Que o Aprendiz tome em conta este ensinamento. É a busca de todo verdadeiro Maçom CONSTRUTOR de si mesmo para servir os demais. Quando a Energia Trina toma o caminho da subida e é equilibrada, cria no Centro Sacro, ou Básico, a piedade, o caminho, a compaixão, a fecundidade, a castidade e o poder. Este centro outorga à mente o conhecimento das leis divinas e dota o aspirante (Aprendiz) da virtude heroica em todo o perigo.

240. Sua subida ao segundo Centro, Plexo Esplênico, produz no homem o conselho e a justiça.

241. No terceiro Centro, o Plexo Solar, dá a prudência e cria o desejo que dá o movimento da vida.

242. No Cardíaco concede a Sabedoria Divina, a humildade, a modéstia, a intuição etc.

243. No Laríngeo, o íntimo manifesta seu amor divino e esta Energia será uma Deidade criadora por meio da palavra.

244. No sexto Centro Frontal cria a imaginação e a visualização. Neste Centro se manifesta o estado espiritual de cada pessoa. Se o homem é filho de Deus, estará escrito em sua FRONTE o NOME DE DEUS; senão, a marca da besta.
A Luz que sai deste Centro revela os pensamentos.

245. Ao desvelar o último Selo, o Coronário, produz no homem o poder, a fortaleza e a sabedoria.
O prêmio "ao que vencer, lhe farei sentar comigo no Trono, assim como também venci e me sentei com meu Pai em seu Trono", ou seja, sentir-se UNO COM ELE, porque já não existe a ilusão da separatividade.*

246. Antes de encerrar este Capítulo, devemos dar ao Aprendiz o mais alto mistério da Trindade. Não temos medo de descobri-lo, porque este mistério não pode entrar pelos sentidos, senão que deve brotar do SENTIR INTERNO de cada aspirante (Aprendiz) a servir para poder compreendê-lo.

* Ver As *Chaves do Reino Interno*, e o *Apocalipse Desvelado*, do Autor.

EU SOU tem na cabeça três pontos: cada um dos quais é o assento particular de um dos três Aspectos ou das três Pessoas.

O primeiro Aspecto ou Pessoa, chamado PAI, domina exclusivamente a cabeça; o segundo, o FILHO, rege o coração; enquanto que o terceiro, o ESPÍRITO SANTO, domina o sexo.

É muito necessário meditar detidamente nisto para compreender os graus e os estudos superiores e posteriores.

Em realidade não há mais do que UM SÓ ÍNTIMO: EU SOU; porém, olhado sob o ponto de vista físico, reflete-se em três aspectos.

247. "O PAI", o PODER, tem seu assento no átomo chamado átomo do Pai, que se acha no impenetrável ponto da raiz do nariz ou espaço interciliar, e seu reino está na Cabeça; reflete no fígado, centro da emoção.

"O FILHO", o SABER, tem seu assento no átomo da Glândula Pituitária, e seu reino está no Coração, que é o regente do sangue que nutre o corpo em geral.

"O ESPÍRITO SANTO", A VIDA OU MOVIMENTO, tem seu átomo colocado na Glândula Pineal, e domina o cérebro espinhal até as glândulas sexuais.

248. O PAI, no espaço interciliar, é o Poder Criador e o Pensador. Tem a seu cargo os movimentos voluntários.

O FILHO, no coração, tem o Poder Criador pela Sabedoria e o Amor.

O ESPÍRITO SANTO é o Poder Criador pelos movimentos involuntários, como a digestão, assimilação, circulação etc.

249. Quando o Pai, o Poder Pensador, concebe e expressa sua Vontade, produz o movimento dispensador da Vida, ou o Espírito Santo, no seio da MATÉRIA PRIMORDIAL ou VIRGEM MARIA (ou MAIA). Esta ação de gloriosa vitalidade desperta os átomos e os dota da força de atração e repulsão. Assim se formam as subdivisões inferiores em cada plano. Na matéria assim vivificada nasce o Amor-Sabedoria e faz-se carne, reveste-se de forma e nasce da Virgem Maria, e chama-se FILHO (EMANUEL ou DEUS EM CADA UM DE NÓS).

Assim, portanto, a vida originada do Poder, ao penetrar, vibrando na matéria, ambos se servem da vestidura ao Filho e se diz: "Nasce do Espírito Santo e da Virgem Maria".

250. Os três Aspectos ou Pessoas formam e conservam o Templo do EU SOU no HOMEM-DEUS.

E agora me toca despedir-me, querido Aprendiz, para voltarmos a encontrar-nos no GRAU DE COMPANHEIRO.

Seja você um verdadeiro Maçom, Filho da Luz e Construtor com SABER, OUSAR, QUERER E CALAR.

Até breve...

Bibliografia

Dicionário Maçônico

MAGISTER.......................... *Manual Del Compañero*
H. DOURVIL........................ *El Libro de los Muertos*
HEINDEL, Max.................... *Las Iniciaciones Antiguas y Modernas*
ADOUM, Jorge..................... *As Chaves do Reino Interno*
ADOUM, Jorge..................... *Rasgando Velos*
ADOUM, Jorge..................... *La Magia Del Verbo*
ADOUM, Jorge..................... *La Zarza de Horeb*
M.. *Dioses Atômicos.*
BESANT, Annie.................. *El Poder Del Pensamiento*
IGESIAS, J........................... *Arcano de los Números*
BLAVATSKY, H. P............... *Isis sin Velo.*

Impresso por :

gráfica e editora

Tel.:11 2769-9056